Ute Guzzoni

Weile und Weite

D1717618

VERLAG KARL ALBER

Raum und Zeit sind Grundprobleme der abendländischen Philosophietradition. Beide sind vielfach als zusammengehörig betrachtet worden, und beide sind als messbare Dimensionen Teil einer Ordnung, die uns in unserem Wahrnehmen und in unserem Handeln Orientierung und Sicherheit gibt. So verlassen wir uns bei jeder Verabredung darauf, dass der Treffpunkt und der Zeitpunkt eindeutig sind.

Doch gibt es neben der linearen Zeit und dem metrischen Raum auch andere Weisen, Raum und Zeit zu erleben. Wenn man die Welt als offenes Zusammenspiel von Dingen und Geschehnissen und Beziehungen versteht, so verlangt dies auch eine andere Auffassung von Raum und Zeit: Wir weilen und verweilen in Räumen, die uns umfangen und beherbergen. Wir empfinden kurze oder lange Weile. Und wir erfahren Weite, etwa in ihrem Gegenspiel zu Enge und Bedrängnis, wir stehen vor einer weiten Landschaft oder am weiten Meer – unser Herz wird weit. Indem wir uns einer Weile anvertrauen oder eine Weite in uns aufnehmen oder uns ihr überlassen, behandeln wir das uns Begegnende nicht als Objekt unseres Tuns und Erkennens, sondern realisieren, dass wir in die uns umgebende Welt mit ihren je unterschiedlichen Weilen und Weiten je schon eingebettet sind.

Die Autorin:

Ute Guzzoni, geboren 1934, lehrte als Professorin an der Universität Freiburg i. Br. Zahlreiche Veröffentlichungen, zuletzt bei Alber: »Unter anderem: die Dinge« (2008), »Gegensätze, Gegenspiele« (2009), »Der andere Heidegger« (2009), »erstaunlich und fremd« (2012), Nichts (2014), »Im Raum der Gelassenheit« (2014) und »Wasser. Das Meer und die Brunnen, die Flüsse und der Regen« (2015).

Ute Guzzoni

Weile und Weite

Zur nicht-metrischen Erfahrung
von Zeit und Raum

Verlag Karl Alber Freiburg / München

Ute Guzzoni

Weile und Weite

Zur nicht-metrischen Erfahrung
von Zeit und Raum

Verlag Karl Alber Freiburg / München

MIX
Papier aus verantwor-
tungsvollen Quellen
FSC® C083411

© VERLAG KARL ALBER
in der Verlag Herder GmbH, Freiburg / München 2017
Alle Rechte vorbehalten
www.verlag-alber.de

Umschlagmotiv: © Ute Guzzoni
Satz: SatzWeise GmbH, Trier
Herstellung: CPI books GmbH, Leck

Printed in Germany

ISBN 978-3-495-48869-0

Inhalt

7

Vorblick

Ich beschäftige mich in diesem Buch mit der *Weile* und der *Weite*, die Teilaspekte zweier oft thematisierter und als zusammengehörig angesehener Grundphänomene der abendländischen Philosophietradition sind, – *Zeit* und *Raum*. Dabei ist es nicht meine Absicht, den zahllosen Theorien und Monographien über die Zeit und den Raum eine weitere Untersuchung an die Seite zu stellen. Ich will keine neue Theorie aufstellen, die besagen würde, daß sie *nicht* so oder so, *sondern* eben als Weile und als Weite aufzufassen seien; mit deren Thematisierung nehme ich vielmehr lediglich oft vernachlässigte Momente der menschlichen Erfahrung der Zeit und des Raumes in den Blick, Momente, die in ausdrücklichem Gegensatz stehen zur linearen, messenden und vermessenden Haltung, die die Zeit als einen ewigen, unwiederbringlichen Fluß von der Vergangenheit über die Gegenwart in die Zukunft hinein begreift und den Raum als quantitativ erfaßbare dreidimensionale Ausdehnung. Ich leugne die Richtigkeit dieses weitgehend vorherrschenden Verständnisses nicht; fraglich wird mir nur seine Alleinherrschaft: In unserem Tun und Lassen, Denken und Empfinden gehen wir mit der Zeit nicht nur als mit einem nach Früher und Später meßbaren Verlauf um, der an der Uhr und in anderer Weise in den Geschichtsbüchern ablesbar und in den wissenschaftlichen Labors registrierbar wäre. Wir erfahren und behandeln sie vielmehr auch als eine *Je-weiligkeit*, in der wir *weilen* und *verweilen*, die uns umfängt und beherbergt. Und die Entfernungen und Zwischenräume, die Orte und Gegenden, die unseren Lebensraum ausmachen, sind eben auch anderes als meßbare, quantitative Größen.

Die Weile und die Weite, um die es mir geht, sind keine »objektiven« Gegenstände, Anschauungs- oder Erscheinungsformen, auf die sich der philosophische Scharfsinn, die tiefschürfende Analyse und die geistreiche Zeitdiagnose zu richten hätten. Mit ihnen lasse ich mich auf zwei einander bis zu einem gewissen Grad entsprechende, andererseits aber auch einander widersprechende Weisen unseres Erfahrens und In-der-Welt-seins ein. Wir weilen eine Zeitlang irgendwo, empfinden kurze oder lange Weile. Und wir erfahren Weite, etwa als Ferne, in ihrem Gegenspiel zu Enge und Bedrängnis, wir stehen vor einer weiten Landschaft oder am weiten Meer, – unser Herz wird weit. Indem wir uns einer Weile anvertrauen oder eine Weite in uns aufnehmen oder uns ihr überlassen, behandeln wir das uns Begegnende nicht als Objekt unseres Tuns und Erkennens, sondern realisieren, daß wir in die uns umgebende Welt mit ihren je unterschiedlichen Weilen und Weiten je schon eingebettet, daß wir ein mit ihr mitgehendes Teil oder Glied von ihr sind.

Ich bin davon überzeugt, daß, wenn es um ein grundsätzliches Verstehen des menschlichen In-der-Welt-seins geht, die Unterscheidung von »Objektivem« und »Subjektivem« irrelevant und jedenfalls irreführend ist. Wir sind immer schon in der Welt, wir verhalten uns, Bezüge stiftend, in die Welt hinein und leben, aus diesen Bezügen erwachsend, aus ihr als unserem Wurzelgrund und Horizont; jede Isolierung einerseits einer reinen Objektwelt, die als solche *uns* gar nicht gegeben sein kann, von der wir gar nichts wissen können, und andererseits einer rein subjektiven Sphäre, von der ihr Bestimmtwerden durch die Welt und ihre Dinge ausgeklammert wäre, mag zwar theoretisch möglich sein, kann aber in ihrer prinzipiellen Konstruiertheit zu einem wirklichen Welt- und Selbstverständnis nichts beitragen.

Weder Weile noch Weite sind objektiv vorfindliche Charaktere einer irgendwie unabhängig bestehenden Realität. Es gibt keine Weile und keine Weite, die nicht als dann und da seiend erfahren würden und die nicht jeweils *unsere Weile* und *unsere Weite* wären. Sie gehören zu uns und wir gehören in sie. Entsprechend möchte ich diesen Text als einen Text mit Weile und mit Weite – in der Weile und in der Weite schreiben. Wie weit das gelingt, wird sich zeigen. »*Mit und in Weile*« und »*mit und in Weite*« meint, daß die Überlegungen und Gedanken dieses Buches sich in einer Weise zusammenfügen, daß sich kein fortlaufender, auf ein Ziel und Ende hin ausgerichteter Weg ergibt, vielmehr ein Spielraum, in dem sich dieses an jenes reiht, eines über das andere legt, manches hinter anderes zurück- oder umgekehrt über anderes vorweist. Also kein systematisch voranstrebender und mit aufeinander aufbauenden Stufen oder Schritten sich vollziehender Text. Er läßt sich in je neuen Weisen in dem Bereich einer Gegenwart nieder, die in ihren unterschiedlichen Richtungen und Dimensionen durchmessen, aber nicht – im technischeren Sinne von »messen« – abgemessen oder ausgemessen wird. Der Blick verharrt bei diesem und jenem, hält an sich, säumt und zögert, oder er greift auch vor, sieht zusammen, überschaut, – ein wenig so, wie Goethe es dem Mond zuspricht: »Forschend übersieht dein Blick / Eine großgemeßne Weite.« *(An Luna)*

Das Motto zu meinen Überlegungen könnte ich Hölderlins *Kolomb* entnehmen: »So weit das Herz mir reichet, / wird es gehen.« Ein Text mit Weite und mit Weile ist ein sich öffnender, insofern ein noch unbestimmter, horchender, Ausschau haltender Text. Und er ist, um es mit Castaneda zu sagen, ein Text mit Herz. »Dann stell dir, und nur dir selbst, eine Frage. [...] Ich will dir sagen, wie sie lautet: Ist dieser Weg ein Weg mit Herz? [...] Wenn er es ist, ist der Weg gut;

wenn er es nicht ist, ist er nutzlos.«[1] Der Raum des Lebens erstreckt sich so weit, wie das eigene Herz ihn auszuloten vermag. Die Weite, um die es mir im Folgenden zu tun ist, ist u. a. eben diese Weite des In-die-Welt- und Aus-der-Welt-seins, die wie das Aus- und Einatmen des In-der-Welt-seins selbst erscheint.

Mit Weile und mit Weite zu schreiben, heißt, sich ganz unterschiedlichen Aspekten dessen zu überlassen, was da zu sagen, zu zeigen, zu erzählen ist. Dabei ändert sich jeweils auch die Weise des Schreibens. Zuweilen läßt es sich von Gedichten, zuweilen von bloßen Wendungen anregen, manchmal stellt es mehr theoretische Überlegungen an, manchmal beschreibt es einfach, was zu sehen und zu erfahren ist. Bestimmte Motive[2] tauchen an verschiedenen Stellen und in unterschiedlichen Zusammenhängen wieder auf. Und immer wieder achtet das Schreiben auf die – geschriebene und gesprochene – Sprache.

Der Raum dieses Textes der Weile und Weite beinhaltet auch vieles Fremde: vielfältige Zitate. Hierzu erinnere ich an Brechts Herrn Keuner, der betont, daß ein Haus, das »ohne jede Hilfe, nur mit dem kümmerlichen Material, das ein einzelner auf seinen Armen herbeischaffen kann«, errichtet wurde, eine kümmerliche Hütte bleiben muß. »Der chinesische Philosoph Dschuang Dsi«, so schreibt Brecht, »verfaßte noch im Mannesalter ein Buch von hunderttausend Wörtern, das zu neun Zehnteln aus Zitaten bestand.«[3] Zudem läßt sich nicht bezweifeln, daß Momente des menschlichen Weltver-

---

[1] Carlos Castaneda, *Die Lehren des Don Juan*, 88; vgl. hierzu v. Verf. *Nichts*, 29.
[2] Wie z. B. das Atmen oder die Unbestimmtheit. Entsprechungen finden sich nicht nur innerhalb dieses Buches, sondern auch innerhalb der Gesamt-Textur meiner Bücher. In beiden Fällen habe ich relativ oft – aber keineswegs immer – Querverweise angegeben.
[3] *Geschichten vom Herrn Keuner*, 379 f.

hältnisses, die unter der Vorherrschaft einer Beziehung von Subjekten auf Objekte, die begreifen, bearbeiten und besitzen will, aus dem Blick geraten sind oder nie als solche wahrgenommen wurden, oftmals in der *Dichtung* und *Literatur* einen eigenen Ort innehatten und innehaben und uns so zuweilen als Leitstern oder auch als Ansatz- und Ausgangspunkt dienen können. So bestehen auch meine Überlegungen zu Weile und Weite aus Gedankensplittern, angeregt sowohl durch Erfahrungen des langen Lebens wie durch eine Begegnung mit dichterischen und anderen literarischen Äußerungen.

*

Die Zusammenstellung von Weile und Weite verdankt sich zunächst einmal der Alliteration. Wie es auch immer mit der Möglichkeit einer sachlichen Parallelisierung von *Raum und Zeit* bestellt sein mag, *Weite und Weile* sind jedenfalls nicht sachlich parallelisierbar.[4] Begrifflich gesehen wäre es vielleicht sinnvoller gewesen, im Titel der Weile den *Ort* an die Seite zu stellen, zumal dieser, eher als die Weite, als ein »Teil« des umfangenden Raumes angesehen werden kann – wie die Weile als ein »Teil« der umfassenden Zeit. Andererseits erscheint die Spannung zwischen der begrenzten Weile und der unbegrenzten Weite als eine reizvolle Herausforderung, nach ihnen als unterschiedlichen Phänomenen *und* nach ihrer Beziehung zueinander, nach Weisen ihrer Begegnung zu fragen.

Die folgenden Überlegungen beschränken sich nicht auf Weile und Weite. Es ist nicht nur die Erfahrung der Weile, des Weilens und Verweilens, durch die wir aus dem Strom

---

[4] Wie u. a. auch die Erläuterung von Weile und Weite bei Heidegger deutlich machen wird.

des Zeitablaufs hinausgestellt sind. Auch in anderen Wahrnehmungen von Zeitlichkeit – so etwa beim Abschied, beim Sich-verlieren in einen Sommerabend, in der Langsamkeit – wird, wie bei der Weile, zwar das Vergehen nicht ganz ausgeblendet, es kommt aber bei ihnen gerade nicht vorrangig auf das unaufhaltsame Nacheinander oder auf dessen meßbare Kürze oder Dauer an. Auch die Augenblicklichkeit entzieht uns dem Fortriß der Zeit. Ebenso gibt es sehr unterschiedliche Weisen, wie der Raum anders denn als absoluter, metrisch zu erfassender Raum erlebt wird, etwa als Zwischenraum, als Ort, als Ferne, als Grenze oder umgekehrt Grenzenlosigkeit. Weile und Weite stehen zwar im Mittelpunkt der folgenden Überlegungen, aber da es mir darum geht, die alleinige Geltung des metrischen Verständnisses von Zeit und Raum in Frage zu stellen, werden auch andere Erfahrungen zur Sprache kommen; eine besondere Bedeutung kommt dabei dem Ort zu.

Wenn die Welt kein einheitlich verfaßtes geordnetes Ganzes ist, sondern ein offenes Zusammenspiel von Dingen und Geschehnissen und Beziehungen, dann kann der Versuch, zu fragen, wie es sich mit ihr auch nur in einzelnen ausgesuchten Aspekten verhält, keine Systematik beabsichtigen und somit auch nicht als reine Theorie erfolgen. Wie es ist, – kann das zu sagen mehr sein als der Blick auf ein Wolkenspiel oder auf die Kreise, die der Wind auf das Meer zeichnet? Und hat es nicht gleichwohl seinen Sinn, ja seine Notwendigkeit?

*

Zum Schluß der Einführung will ich eine gewisse Standort- bzw. Wegbestimmung für die Reflexionen dieses Buches versuchen:

In den letzten Jahrzehnten gibt es in Deutschland sehr

unterschiedliche Richtungen des Philosophierens; u. a. sind
es – wobei ich die rein philosophiehistorischen Untersuchungen beiseitelasse – die (sprach)analytische Philosophie, die
Beschäftigung mit den traditionellen Problemen der westlichen Philosophie, zumeist in Auseinandersetzung mit den
oder in Anlehnung an die großen Autoren der westlichen
Philosophiegeschichte, Auseinandersetzungen mit den Er-
rungenschaften der neuen und neusten Naturwissenschaft
im weiteren Sinne, vor allem auf dem Gebiet der Gehirnfor-
schung und der künstlichen Intelligenz, und schließlich der
weite Bereich zeitdiagnostischer Analysen, die sich zumeist
mit Teilaspekten der geistigen und gesellschaftlichen Gegenwart beschäftigen. Diese letzteren haben oft einen kritischen
Unterton; gleichwohl sind sie nicht als im engeren Sinne
»kritische« Ansätze zu bezeichnen, weil sie sich nicht mit
der abendländischen – oder »metaphysischen« – Tradition
als solcher auseinandersetzen, sondern sich jeweils auf einzelne Fragestellungen – wie etwa Folter, Müdigkeit, Zersiede-
lung, Globalität, Eßkultur etc. – beschränken. Im Unterschied
zu den fundamentalen »kritischen Theorien« der Frankfurter
Schule einerseits und von Heidegger andererseits (aber in gewissem Sinne auch von anderen, untereinander sehr verschiedenen Autoren der zweiten Hälfte des 20. Jahrhunderts
wie z. B. Foucault, Derrida und Levinas oder auch Feyerabend
oder McLuhan) verzichten diese Analysen auf eine Fundie-
rung ihrer Zeitkritik durch eine Auseinandersetzung mit
Grundansätzen des »metaphysischen« oder »traditionellen«
Denkens im weiteren Sinne. Vermutlich kann man sagen,
daß sie in einer Haltung des prinzipiellen *understatement*
jede Fundamentalkritik des geschichtlich Gewordenen von
vorneherein ablehnen.

Viele dieser gewöhnlich geistreichen und oft wissensrei-
chen Analysen oder Diagnosen sind durchaus interessant
und bedenkenswert. Für mein Verständnis fehlt ihnen aber

gewöhnlich etwas Wesentliches: sie wollen und können nicht sagen, worin, in welchen Grundeinstellungen die Zeiterscheinungen, die sie aufzeigen, fußen, ob es etwa eine Art gemeinsamen Nenner der mannigfach ausgeführten Kritiken gibt und wie dieser dann näher zu fassen wäre. Die Fokussierung auf Einzelaspekte geschieht, so scheint mir, nicht zufällig; sie ist keiner erfreulichen Bescheidenheit oder bedauerlichen Beschränktheit geschuldet, sondern sie entspringt einer – zumindest impliziten – Ablehnung der Beschäftigung mit den sogenannten Grundfragen der Philosophie, vor allem mit den Grundvoraussetzungen des abendländischen Denkens, wie etwa der prinzipiellen Trennung von Sinnlich-Endlichem und Unsinnlich-Unendlichem oder dem Ansatz eines Grundhaften und Einen in allem, was ist, sowie, in der Neuzeit, der Subjekt/Objekt-Trennung.

Meiner Überzeugung nach bleibt es weiterhin *eine* wichtige Aufgabe des – abendländischen – Philosophierens, ontologisch umfassende *»wie es ist«*-Fragen zu stellen und sich – und sei es auch eher unreflektiert und unausdrücklich – des Sinnes dieser »wie-es-ist«-Fragen zu versichern. Jede seiner Fragen, auf welche Weise es sie auch zu stellen und zu behandeln sucht und wie detailliert sein Blick auf vielleicht durchaus begrenzte Sachverhalte im einzelnen auch sein mag, gehört in eine *Grundsicht von Welt und Dingen*. Vor diesem Horizont ergibt sich eine unaufhebbare immanente *Radikalität* dieses Philosophierens. Sie hängt u.a. damit zusammen, daß ein zeitgenössisches »wie es ist«-Fragen sich zum einen notwendig in einer zumindest implizit *kritischen* Konfrontation mit dem metaphysischen *»was-ist«*-Fragen und seiner Suche nach dem Einen und Allgemeinen, dem Grund oder den Gründen alles Seienden befindet, weil wir nun einmal, ob wir es sehen und wollen oder nicht, in der uns bestimmenden Tradition dieser Fragen stehen. Zum anderen aber rührt jene Radikalität davon her, daß es heute

einer grundsätzlichen Abkehr von dem zeitgenössischen Ansatz des *Subjekt/Objekt-Verhältnisses* bedarf, einer Abkehr,
die uns in Richtung eines Uns-hineingehörig-wissens in das
Gesamtspiel der Welt führen wird.
Die Kritik und die Abkehr müssen nicht immer ausdrücklich geschehen. Die Fragen an Raum und Zeit, die die
folgenden Überlegungen zu Weile und Weite motivieren,
bringe ich nicht eigens in einen kritischen Zusammenhang
zum rationalen Grundansatz der Neuzeit, auch wenn dieser
durchweg im Hintergrund steht. Die kritische Intention zeigt
sich u. a. implizit in der Differenz zwischen dem traditionellen akademischen Anspruch an Systematik und Terminologie
eines philosophischen Textes und dem andersartigen Stil
meiner Ausführungen. Diese Differenz läßt sich zumindest
zum Teil in dem Gegensatz von *Begriff und Bild* zusammen-
fassen. Die überkommene Philosophie setzte – unbeschadet
der mehr oder weniger »blumigen« oder auch metaphorischen Sprache unterschiedlicher Autoren – uneingeschränkt
auf den *Begriff,* sowohl was den Inhalt wie was die Form anbelangt, die von Hegel im Schlußstück seiner *Wissenschaft
der Logik* als *Methode* zusammengedacht werden. Das *Bild*
wurde allein der Dichtung zugesprochen. Noch bei Heidegger gibt es mehrere Äußerungen darüber, daß der Denker
sich auf den Bereich des Begrifflichen zu beschränken habe,
auch wenn er selbst verschiedentlich versucht, für sich selbst
den Übergang in den dem Denken gegenüber anderen, den
im weiteren Sinne dichterischen Raum zu vollziehen.[5]
Ich weigere mich, eine solche strikte Trennung zwischen
Begriff und Bild, begrifflichem und bildlichem Sprechen und
Schreiben anzuerkennen. Sie war im wesentlichen der ebenso strikten Trennung von Allgemeinheit und Besonderheit –

---

[5] Vgl. u. a. den Text *Aus der Erfahrung des Denkens.* Oder auch die Texte, die
er als *Winke* bezeichnet.

17

damit auch Notwendigkeit und Zufälligkeit – geschuldet, die eine der wichtigsten, aber darum keineswegs für alle Zeit unumstößlichen Entscheidungen der frühen abendländischen Philosophie gewesen ist. Eine explizite Auseinandersetzung mit dieser Grundentscheidung ist hier nicht zu führen. Implizit aber erfolgt sie in allem, was ich schreibe, und so auch in diesem Buch.

Ein erinnerter Ort

Es mag eine Selbstverständlichkeit sein, ist mir jetzt jedoch eigens aufgefallen, daß es jedenfalls *einen* Bereich gibt, der grundsätzlich frei ist von der mit der Uhr gemessenen quantitativen Zeit, nämlich die Dichtung.[1] Sie hat im Rhythmus und insbesondere im Metrum die Zeit in sich aufgenommen, und zwar nach Regeln, aber das ist nicht die mechanische, immer gleichlaufende Zeitmessung, an die wir uns in der Neuzeit[2] gewöhnt haben. Der Atem eines Gedichts kann langsamer oder schneller gehen. Es kann thematisch das Vergehen oder die Ewigkeit, die Dauer oder den Augenblick besingen. Es kann sogar die Hetze und Hast selbst zu seinem Thema machen. Aber es unterwirft sich nicht der Uhrzeit, es kann nicht mit ihren Mitteln und nach ihren Maßen erfaßt werden. Wenn und solange wir uns mit einem Gedicht beschäftigen, befinden wir uns zwar nicht außerhalb der Zeit überhaupt, aber jedenfalls außerhalb der *metrischen* Zeit, die nach von den Menschen festgelegten Sekunden, Minuten und Tagen gemessen wird.

Im Folgenden begebe ich mich in die unmeßbare Weile

---

[1] Wie die Kunst überhaupt. Was nicht heißt, daß die Kunst die Uhr nicht zum Thema machen könnte, vgl. z. B. Bilder von Dalí, Magritte oder die Symphonie Nr. 101 von Joseph Haydn, die von seinem Verleger den Titel »Die Uhr« erhielt.

[2] Im Grunde ist der historische Zeitraum, seit wir uns daran gewöhnt haben, unser Tun nach der mechanischen Zeiteinteilung der Uhr zu richten, eine kurze Zeitspanne. Ich denke, es ist wichtig, sich immer wieder klarzumachen, daß die Uhrzeit, wie wir sie kennen, eine menschliche Erfindung und Herstellung ist, zu praktisch-technischen Zwecken konstruiert.

eines Gedichts, in dem sich eine vergangene und eine gegenwärtige Zeit berühren.

Rote Dächer!
Aus den Schornsteinen, hier und da, Rauch,
oben, hoch, in sonniger Luft, ab und zu Tauben.
Es ist Nachmittag.
Aus Mohdrickers Gartern her gackert eine Henne,
die ganze Stadt riecht nach Kaffee.

Ich bin ein kleiner, achtjähriger Junge
und liege, das Kinn in beide Fäuste,
platt auf dem Bauch
und kucke durch die Bodenluke.
Unter mir, steil, der Hof,
hinter mir, weggeworfen, ein Buch.
Franz Hoffmann. Die Sclavenjäger.

Wie still das ist!

Nur drüben in Knorrs Regenrinne
zwei Spatzen, die sich um einen Strohhalm zanken,
ein Mann, der sägt,
und dazwischen, deutlich von der Kirche her,
in kurzen Pausen, regelmäßig, hämmernd,
der Kupferschmied Thiel.

Wenn ich unten runtersehe,
sehe ich grade auf Mutters Blumenbrett:
ein Topf Goldlack, zwei Töpfe Levkoyen, eine Geranie
und mittendrin, zierlich in einem Zigarrenkistchen,
ein Hümpelchen Reseda.

Wie das riecht? Bis zu mir rauf!

Und die Farben!
Jetzt! Wie der Wind drüber weht!
Die wunder, wunderschönen Farben!

Ich schließe die Augen. Ich sehe sie noch immer.

(Arno Holz)

Zwei Zeiten: *jetzt*, da dem Dichter ein Sommernachmittag seiner Kindheit wieder vor Augen steht, und *damals*, als er acht Jahre alt war und ihn all das Geschilderte umgab. Das »Bild«[3], das ihm zufällt, unversehens und unbeabsichtigt, ist ein reiches Ensemble zeitlicher und räumlicher Eindrücke, mit allen Sinnen wahrgenommen. Farben, Bewegungen, Gerüche, Geräusche, die Empfindung von Hitze. Eine Fülle von Besonderem, zusammengefügt zu dem umfassenden Ganzen eines Nachmittags im Wahrnehmungsfeld eines auf dem Bauch liegenden und sich im heimischen Umfeld umschauenden Achtjährigen.
Sein Blick geht in die Weite. Rote Dächer, aufsteigender Rauch, heller Himmel (»sonnige Luft«), Taubenflüge. Hier und da, ab und zu – wechselnde Orte, wechselnde Augenblikke: die Weile eines Nachmittags. In Mohdrickers Garten hört er eine Henne gackern. Daran, daß der Name genannt wird, wird deutlich, daß alle Komponenten des »Bildes« als je Besonderes, Je-weiliges erfahren und ausgesprochen sind. Das gackernde Huhn läßt sich nicht von irgendwoher, aus irgendeinem Garten hören, sondern eben aus diesem bestimmten, aus Mohdrickers Garten.
Allerdings: die vielen einzelnen durchstimmen zugleich auch allgemeine, alles durchziehende Eindrücke: Es ist heiß,

---

[3] Das Wort oder der Begriff »Bild« bezieht sich eigentlich nur auf Optisches. Für das Ensemble nicht nur optischer, sondern unterschiedlicher sinnlicher Wahrnehmungen fehlt uns das entsprechende Wort.

»die Bruthitze brastet«.[4] Die Alliteration erscheint fast wie
eine Lautmalerei, jedenfalls verstärkt sie das sinnliche Mit-
oder Nachempfinden. Und: »Die ganze Stadt riecht nach Kaffee.« Doch ist die Allgemeinheit [oder vielleicht besser:
»unbestimmte Vielheit«?] des Kaffedufts durchaus eine
konkrete. »Allgemein« und »konkret« stehen hier nicht im
Gegensatz zueinander. Haben nicht Düfte insgesamt diesen
Charakter des Sich-allgemein-verbreitens, des Durchdringenden?[5] Beides, die Hitze und der Duft, sind trotz ihrer
Allgemeinheit etwas Besonderes, zeitlich und räumlich Situ-
iertes.
»Dass mir doch dies alles noch so lebendig geblieben
ist!« Jetzt erst kommt derjenige eigens ins Bild, um den sich,
wie um einen unbeabsichtigten Mittelpunkt, alles bisher Erzählte gruppiert hat. Und zugleich damit, wenn auch im
Grunde unausdrücklich bleibend, die Zeitdifferenz, die das
Erfahrene und Beschriebene vom Heute des geschehenden
Gedichts trennt. Die Erinnerung oder vielleicht besser: *Vergegenwärtigung* jener Wahrnehmungsvielfalt ist genauer
eine zwiefältige. Sie hat eine »Seite« des Aufgenommenen
und eine »Seite« des Aufnehmenden. Alles Geschilderte ist
gleichsam zentriert in dem Vernehmenden, in dem das
Damals und das Jetzt unversehens und unbeabsichtigt zu-
sammentreffen. Dasjenige, was beide verbindet bzw. in dem
beide zusammenkommen, könnte wohl mit »lebendig erfahren« benannt werden.
   Die Betrachtung verweilt für einige Zeilen – für eine gewisse Zeit des Gedichts – bei der sogenannten »subjektiven
Seite« des Damals. Wir sehen ihn direkt vor uns, diesen

---

[4] Wie es in der späteren Fassung des Gedichts heißt. Siehe unten S. 26.
[5] Der nächtliche Duft einer Jasminhecke hat einen ganz anderen Charakter als
der Klang einer in ihr versteckten Nachtigall. Es gibt jedoch auch raumdurch-
greifende Geräusche – etwa das nächtliche Zirpen der Zikaden oder am Tag der
Straßenlärm einer Großstadt.

bäuchlings auf dem Dachboden liegenden Jungen, der das Abenteuerbuch, in dem er gelesen hatte, weggelegt hat und jetzt durch die Luke nach unten auf den Hof schaut. Die Stille des Nachmittags ist ungeheuer. Aus ihr heraus und vor ihr, sie gleichwohl nicht negierend, werden einzelne Geräusche vernehmbar: die zankenden Spatzen, ein Mann, der sägt, das Hämmern des Kupferschmieds. Die Spatzen lärmen in der Regenrinne, und die Hammerschläge kommen von der Kirche her, sie sind regelmäßig, d. h. in gleichen Zeitabständen, und doch von Pausen unterbrochen, – das Hörbare hat je seinen Raum und seine Zeit.

Und noch einmal melden sich, stärker als zu Beginn, über das Hören hinaus auch andere Sinne, das Riechen und das Sehen. Von oben blickt der Junge gerade auf das Fensterbrett, wo seine Mutter stark duftende und bunt leuchtende Blumen gepflanzt hat. Wie das riecht! Arno Holz schreibt das mit einem Fragezeichen: »Wie das riecht?«[6] »Bis zu mir rauf!« Der Duft der Blumen bestimmt sich dadurch oder daraus, daß er dem Jungen an der Bodenluke in die Nase steigt. Der Duft ist köstlich, weil er bis zu ihm hinreicht.

Vor allem aber sind es die Farben, die ihn bezaubern, »die wunder, wunderschönen Farben«.[7] Ich weiß nicht, ob es Absicht ist, daß nach dem ersten »wunder« kein Ergänzungs-

---

[6] In der späteren Fassung steht ein Ausrufezeichen. Ob das auch hier schon beabsichtigt war?

[7] Parmenides nennt in seinem *Lehrgedicht* in der als frg. 8 gezählten großen Zurückweisung des Wahrheitsanspruchs jeder Art von Endlichkeit vier Differenzen, in deren Annahme das sterbliche Meinen fehlgeht: die zeitliche Differenz von Werden und Vergehen, die grundsätzliche Differenz von Sein und Nichtsein, die räumliche Differenz von Hiersein und Dortsein und die Differenz des unterschiedlichen Farbigseins. Die Farbe steht hier wie auch sonst oft gewissermaßen als Statthalter des qualitativen Eigenseins von Seiendem. Ähnlich grundsätzlich lesen wir bei Wittgenstein: »Raum, Zeit und Farbe (Färbigkeit) sind Formen der Gegenstände.« (*Tractatus logico-philosophicus* 2.0251) (Vgl. aber: »Beiläufig gesprochen: Die Gegenstände [als solche] sind farblos.« Ebd. 2.0232.)

strich gesetzt ist.[8] Jedenfalls könnte es dadurch noch über die Wiederholung hinaus betont sein: es ist ein Wunder, wie wunderschön die Farben dieser Blumen sind. Der Wind scheint nicht nur sie selbst, sondern auch ihr Farbigsein selbst zu bewegen. Die Farben sind vielleicht so schön, daß sie gar nicht an ihnen selbst zu nennen sind; es fällt auf, daß in diesem Gedicht nach der ersten, mit ihrem Ausrufezeichen wie ein Fanal wirkenden Zeile »Rote Dächer!« keine konkrete Farbe mehr vorkommt. Es ist, als münde die erinnernde Vergegenwärtigung der unterschiedlichen sinnlichen Momente jenes erstaunlichen stillen Nachmittags in die eine und alles umfassende, fast jubilierende Evokation der wunderschönen Farben.

Ihr Eindruck ist so überwältigend präsent, daß es nicht einmal mehr des fortdauernden sinnlichen Eindrucks bedarf. »Ich schließe die Augen. Ich sehe sie noch immer.« »Noch immer« heißt nicht, daß sie nicht vergehen würden, daß sie immerwährend wären. Aber es heißt, daß sie in einer Weile währen, die nicht abhängig ist von einem durch ein eigenes Hinsehen bewirkten Anfangen und Enden. In der bisher betrachteten ersten Fassung des Gedichts bleibt offen, ob dies, das Schließen der Augen und das Immer-noch-vor-sich-sehen des ganzen Bildes, damals oder heute geschieht. Dieses »noch immer« – dem in gewissem Sinne das »Jetzt!« zwei Zeilen vorher korrespondiert – könnte durchaus in die Erinnerung selbst gehören. Erst in der späteren Fassung ist es ausdrücklicher Verweis auf den zeitlichen Abstand zwischen dem Damals und dem Jetzt, auch wenn diese Distanz unausdrücklich alles Gesagte durchstimmt.

In der Fassung von 1929[9], für die bezeichnenderweise

---

[8] In der späteren Überarbeitung ist das »wunder« dreimal wiederholt, hier jedoch mit Ergänzungsstrich.
[9] Siehe am Ende dieses Textes.

auch die – ebenfalls die zeitliche Dimension mit einschlie-
ßende – Überschrift »Unvergessbare Sommersüße« hinzugefügt wurde, wird das zuvor zwischen den Zeilen zu lesende
zeitliche Moment ausdrücklich gemacht.[10] »Dass mir doch
dies alles noch so lebendig geblieben ist!« Dieser – bereits
erwähnte – erste Hinweis auf den zeitlichen Abstand zwischen jenem Nachmittag und der Vergegenwärtigung unter-
bricht das reine impressionistische Bild durch eine reflektierte Beobachtung, die die damalige unmittelbare Erfahrung mit
der jetzigen Erinnerung vermittelt. Und ähnliches geschieht
nun auch gegen Ende des Gedichts: »Nie blinkten mir schönere! / Ein halbes Leben, / ein ganzes Menschenalter / verrann!« »Dies alles«, zumal aber die leuchtenden Farben der
Blumen umgibt der Zauber des Vergangenen: schöner war es
nie. Der Augenblick jenes Nachmittags ist »unvergeßbar«,
wie der Titel jetzt sagt, und im Grunde liegt schon darin die
Einzigkeit seiner Schönheit.[11] Der Abstand zwischen Damals
und Jetzt wird zum Abgrund, wenn die Reflexion sich darauf
richtet, daß ein halbes Leben, und das heißt: ein ganzes Menschenalter zwischen beidem liegt. Und es liegt nicht nur einfach dazwischen, sondern es verrann! Mit dem »verrann«
wird die Feststellung zur Klage. Die Zeit seither ist nicht nur
vergangen, sondern weggeflossen, dahingeschwunden, zer-
ronnen.[12] Man sagt, daß einem etwas zwischen den Händen
zerrinnt, und will damit ausdrücken, daß es seine Substanz,
seinen Inhalt verliert, daß es zu nichts wird. Zeit verrinnt,

---

[10] Ich enthalte mich hier einerseits jeder literaturhistorischen Erläuterung
dieser Änderung in bezug auf Holz' Gesamtwerk und andererseits auch jeden
subjektiven Urteils über sie.
[11] Man könnte sich fragen, ob in diesen Hinzufügungen der späteren Fassung
– entgegen dem Anschein einer fast wehmütigen Verklärung – eine gewisse
Ironisierung einer fin-de-siècle-Stimmung herausgehört werden könnte.
[12] Unversehens steht einem hier Salvador Dalís Gemälde *Die Beständigkeit
der Erinnerung* (auch *Die zerrinnende Zeit* sowie *Die weichen Uhren* genannt) von 1931 vor Augen.

wie der Sand zwischen den Händen zerrinnt. »Ich bin einsam, einsam, und mein Leben geht, wie eine Sanduhr, aus«, sagt Bellarmin zu Hyperion.[13] Verrinnende Jahre, verrinnende Zeit, ein verronnenes Menschenalter – dabei ist immer mitgedacht, daß sie allzu schnell oder unbemerkt oder ungenutzt vergangen sind. Nur wenn man die Augen schließt, sieht man das je-weilige Spiel der Farben wie überhaupt der Einzelheiten jenes längst vergangenen Sommernachmittags lebendig vor sich.

Unvergessbare Sommersüße

Rote Dächer.
Aus den Schornsteinen,
hier und da,
Rauch;
oben, hoch, in sonniger Luft,
ab und zu,
Tauben.

Es ist Nachmittag.

Aus Mohdrickers Garten her
gackert
eine Henne.
Bruthitze brastet.
Die ganze Stadt riecht nach Kaffee.

Dass mir doch dies alles noch so lebendig geblieben ist!

Ich bin ein kleiner achtjähriger Junge,
liege, das Kinn in beide Fäuste,

---

[13] Hölderlin, *Hyperion*, II. Bd., 2. Buch, 135.

platt auf dem Bauch
und kucke durch die Bodenluke.

Unter mir, steil, der Hof,
hinter mir, weggeworfen,
ein Buch.
Franz Hoffmann.»Die Sklavenjäger.«

Wie still das ist!

Nur drüben,
in Knorrs Regenrinne,
zwei Spatzen, die sich um einen Strohhalm zanken,
irgendwo ein Mann, der sägt,
und, dazwischen,
deutlich von der Kirche her,
in kurzen Pausen regelmäßig hämmernd,
der Kupferschmied Thiel.

Wenn ich unten runter sehe,
sehe ich gerade auf Mutters Blumenbrett.
Ein Topf Goldlack,
zwei Töpfe Levkojen, eine Geranie, Fuchsien
und mittendrin,
zierlich, in einem Zigarrenkistchen,
ein Hümpelchen Reseda.

Wie das riecht!
Bis zu mir rauf!

Und die Farben!
Die Farben!

Jetzt!

Wie der Wind drüber weht!
Die wunder-,
wunder-, wunder-
schönen Farben!

Nie blinkten mir schönere!

Ein halbes Leben,
ein ganzes Menschenalter
verrann!

Ich schließe die Augen.

Ich sehe sie
noch immer!

Weile und Verweilen

Eine Weile ist eine Phase der Zeit, die, negativ gesagt, nicht primär als Abfolge von Jetztpunkten gesehen wird, aus der Vergangenheit kommend und über die Gegenwart in die Zukunft fortschreitend. Die Weile hat vielmehr den Charakter einer *Gegenwärtigkeit*, die nicht primär durch Verlauf und Ablauf und nicht primär durch den Blick auf Gewesenes und zukünftig Kommendes bestimmt ist. Sie wird weder als Erfüllung eines Früheren gesehen, noch ist sie auf ein Ziel oder Ende hin ausgerichtet. Nehmen wir ein beliebiges Beispiel: »und es unterhielt ihn eine Weile, den abwechselnd zwischen Dunkel und Licht liegenden Raum in Schritten auszumessen.«[1] Dieser Satz erzählt etwas Vergangenes, aber als etwas, das eine Zeit lang gegenwärtig geschah. Zur Zeit dieser Weile war es »jetzt«. Dieses Jetzt begann zwar irgendwann und hörte irgendwann auf, aber es wurde nicht als eine meßbare Dauer erfahren.[2]

Gleichwohl ist die Weile zweifellos ein »Teil« der Zeit und hat insofern auch ihre »Ausdehnung« oder Erstreckung, was man gemeinhin als *Dauer* bezeichnet. Mit dieser steht sie in einem Gegensatz zum Augenblick, zum Moment, zum Nu[3], umgekehrt auch zur stetig weiterfließenden Zeit. Während die Dauer im allgemeinen jedoch sowohl ein »ewiges« Fortbestehen (»auf Dauer angelegt«) wie auch eine ganz bestimmte Zeitspanne (»für die Dauer von zwei Jahren«) be-

---

[1] Fontane, *Schach von Wuthenow,* Kapitel 14.
[2] Andererseits war es auch kein bloß punktuelles Ereignis.
[3] Im Wörterbuch werden als Synonyme von Nu Augenblick und Moment genannt – allerdings auch Weile und Minute.

deuten kann, ist die *Dauer einer Weile* nicht durch ihre quantitativen Grenzen, sondern allein durch ihren qualitativen Inhalt bestimmt. Sie ist erfüllte Zeit.

In gewissem Sinne könnte man die von einer Erfahrung, einem Eindruck, einer Empfindung gebildete und erfüllte Weile als zeitlose Zeit bezeichnen. »Und hohler und hohler hört man's heulen, / Und es harrt noch mit bangem, mit schrecklichem Weilen«, heißt es in Schillers *Der Taucher.* Atemlos schauen die Gäste auf den grauenhaften Schlund; kaum wagen sie zu hoffen, daß der gewaltige Strudel den todesmutigen Jüngling wieder herauswerfen könnte, in den dieser, auf die unerhörte Herausforderung des Königs hin, hineingesprungen ist. Die Aufmerksamkeit aller ist auf den Abgrund gerichtet und verweilt gleichsam zeitlos, d. h. herausgehoben aus dem gewöhnlichen Zeitablauf, in diesem in Grauen erstarrten Blick auf das Verweilen des Jünglings im unheilvollen Abgrund.

Höchstens von außen gesehen hat die Weile eine meßbar längere oder kürzere Dauer. An ihr selbst hat sie keine Länge in dem Sinne, daß, solange sie weilt, ihr »länger« oder »kürzer« gemessen werden könnte. Einen Zeitabschnitt, der von vornherein in bestimmter Weise begrenzt ist, einen Tag z. B., eine Stunde oder auch zehn Minuten, würde man kaum als »Weile« bezeichnen.[4] Ebensowenig kann man von einer halben oder einer doppelten Weile sprechen.[5]

---

[4] Heidegger schreibt dazu in *Sein und Zeit:* »Aber auch wenn wir uns fester Maße bedienen und sagen: ›bis zu dem Haus ist es eine halbe Stunde‹, muß dieses Maß als geschätztes genommen werden. Eine ›halbe Stunde‹ sind nicht 30 Minuten, sondern eine Dauer, die überhaupt keine ›Länge‹ hat im Sinne einer quantitativen Erstreckung. Diese Dauer ist je aus gewohnten alltäglichen ›Besorgungen‹ her ausgelegt.« (106)

[5] Es liegt wohl an dieser Nicht-Meßbarkeit der Weile, daß der Gebrauch dieses Wortes früher häufiger war, als man noch nicht mit »objektiven« Zeiteinheiten operierte und sich das alltägliche Leben noch nicht fast ausnahmslos in genormten Zeitmaßen abspielte.

30

Wenngleich der Zeitabschnitt einer Weile nicht zu messen ist, kann die Weile als zu lang[6] oder zu kurz während *empfunden* werden; aber dieses kürzer und länger ist dann nicht in bestimmten, objektiven Maßeinheiten feststellbar. Man erfährt die Weile als eine kleine oder kurz-weilige oder umgekehrt als eine allzu lange, lang-weilige, jeweils aber als eine *unbestimmt* lange bzw. kurze Weile. Im Wörterbuch der Brüder Grimm lesen wir: »die formel *eine weile* macht ihr glück durch ihre unbestimmtheit. über die dauer der gemeinten zeitspanne soll nichts ausgesagt werden«.[7]

Rilke spricht einmal[8] von einer »kleinen Weile« von »sieben Tagen«, was dem Nicht-Gemessenwerden der Weile zu widersprechen scheint:

---

[6] Die als lang empfundene Weile kann zur *Langeweile* werden. In Goethes Briefen läßt sich sehr schön der Zusammenhang und die enge Verbindung zwischen beiden nachverfolgen. Ich führe nur einige Zitate an, die einmal mehr in die eine, einmal mehr in die andere Richtung gehen:»Plane hab ich auch genug, zur Ausführung aber fehlt mir Sammlung und lange Weile.« *(1780)* »In Barchfeld ward mir die Zeit sehr breit, um nicht zu sagen lang. Ich will doch, wenns möglich ist, spielen lernen, nur um solcher Stunden willen.« *(1781)* »Von langer weile in der Gesellschafft, von Kälte in meiner Stube erbärmlich gequält schreibe ich dir nur diese Worte.« *(1782)* »Ich hingegen, als ein Abgehender, finde sehr mäßigen Gewinn und die Weile will alle Tage länger werden.« *(1801)* »aber bey uns herrscht doch eine größere Ruhe, ja man hat gewissermaßen lange Weile, weil man zur Arbeit keine Sammlung und Stimmung findet.« *(1806)* »Wenn du manchmal des Abends lange Weile hast, so laß dichs nicht verdrießen. Solltest du 14 Tage in Jena zubringen, so würdest du umkommen: denn wie kummervoll sich hier die Familien und Gesellschaften behelfen müßen, um eine Art von Unterhaltung zu haben, davon kannst du dir keinen Begriff machen.« *(1809)* »Der liebe Gott könnte uns recht in Verlegenheit setzen, wenn er uns die Geheimnisse der Natur sämmtlich offenbarte: wir wüßten vor Untheilnahme und langer Weile nicht was wir anfangen sollten.« *(1818)* »Nun hatten wir denn doch, wenn wir ausgetobt hatten, manchmal lange Weile, wir wollten lesen, und ehe wir's uns versahen, ward unsere Weile noch länger.« *(Wilhelm Meisters Lehrjahre, 6. Kapitel)*
[7] Bd. 28, Sp. 789.
[8] *Das Buch vom mönchischen Leben.*

31

Gieb mir noch eine kleine Weile Zeit: ich will die Dinge
so wie keiner lieben
bis sie dir alle würdig sind und weit.
Ich will nur sieben Tage, sieben
auf die sich keiner noch geschrieben,
sieben Seiten Einsamkeit.

Doch diese sieben Tage sind kein in gewöhnlicher Weise ab-
gezählter Zeitabschnitt. Die Tage, auf oder in die sich noch
keiner eingeschrieben hat, die noch nicht durch den alltäglichen Umgang der vielen zerredet und vernutzt sind, sind
eine eröffnete Zeitspanne, die nicht abgemessen, sondern
aufgetan wird. Die Kennzeichnung »sieben Tage« unterstreicht hier gerade, daß es sich um eine in sich erfüllte oder
zu erfüllende Weile handelt, nicht um einen bloßen Zeitabschnitt.

Daß die Länge der Weile als nicht ausgemessene Zeit
eine unbestimmte ist,[9] zeigt sich einerseits auch darin, daß
man statt »alles hat seine Zeit« wohl kaum im selben Sinne
sagen kann, »alles hat seine Weile«; »*seine* Weile« würde bereits eine Bestimmtheit implizieren;[10] wie wir ja ohnehin das
Wort »Weile« zumeist eher beiläufig gebrauchen. Und andererseits darin, daß gewöhnlich, wenn sie nicht zusätzlich cha-
rakterisiert wird, von *einer*, nicht von *der* Weile die Rede ist.
»Ach, nur ein kleines Weilchen«, sagt in Goethes gleichna-
migem Gedicht das Veilchen, wobei es die unbestimmte Kürze dieses Weilchens mit »ach, nur ein Viertelstündchen lang«

---

[9] Auch wenn sie in der früher verbreiteten Wendung »bei nächtlicher Weile«
für nächtens oder nachts sozusagen ihren zeitlichen Ort hatte.

[10] Allerdings muß auch umgekehrt »Zeit« nicht immer etwas Festgelegtes,
Bestimmtes meinen. »Eine gewisse Zeit« kann eine eher unsichere Zeitspanne
sein. Auch das französische »un certain temps« bedeutet gerade keine im
strengen Sinne gewisse, das heißt gemessene Zeit (was an der Zweideutigkeit
von certain liegt).

betont, ohne daß es damit eine quantitative Maßzahl angeben
wollte. »Bis mich das Liebchen abgepflückt und an dem Busen mattgedrückt«, – damit scheint zwar ein Ende des Weilchens angegeben, aber nur um die ersehnte Erfüllung dieser
kleinen Weile auszudrücken, um anzudeuten, warum das
Veilchen den verzweifelten Wunsch verspürt, »die schönste
Blume der Natur« zu sein.
Ich zitierte schon: »Forschend übersieht dein Blick /
Eine großgemeßne Weite«[11]. Eine *großgemeßne Weite*, – ich
denke, wir könnten entsprechend auch von einer *großgemeß-
nen Weile* sprechen. Doch ist da mit dem Messen kein Aus-
messen, sondern so etwas wie ein Zumessen bzw. Zugemes-
sen-bekommen gemeint: eine großgemessene weite Weile
wäre etwa eine großherzig gewährte und geschenkte, eine
Weile, in der man sich mit Muße einzurichten, die man auszukosten vermöchte.[12] »Groß« ist hier nicht in dem Sinne
einem »klein« entgegengesetzt, daß sie das eine Ende einer
Skala von quantitativem Mehr und Weniger bilden würde.
In »Ich verkündige Euch große Freude« hebt sich etwa das
»große« nicht von einem möglichen »kleine« ab, die Verkün-
digung drückt vielmehr das Übermäßige dieser einen, »übergroßen« Freude aus. Entsprechend bedeutet auch das Großgemessene einer Weile deren inhaltliche Weite, die jenseits
allen Messens und Einordnens besteht.[13] Sie bedarf eines tie-

---

[11] Goethe, *An Luna.*
[12] Dem Großgemessenen entspricht in gewisser Weise das Ungemessene, wie
etwa in einem der Spätgedichte von Hölderlin: »... der Städte Breite / Erscheint besonders gut auf ungemeßner Weite.«
[13] Weinrich setzt in dem Buch *Knappe Zeit* dem aristotelischen Zeitverständnis die Zeit als (ihrer Möglichkeit nach knappe) *Zeitspanne* entgegen, die –
anstatt als Abfolge von Jetzten vor dem Horizont von früher und später – vorrangig nach kürzer und länger gemessen werde. Die *Weile* aber ist eine Zeit
eigener Art; sie ist keine ein quantitatives Mehr oder Weniger implizierende
Zeitspanne. Ihr »größer oder kleiner«, »kürzer oder länger« ist allein durch
ein qualitatives Mehr oder Weniger bestimmt, sie kann als mehr oder weniger

fen, nicht von vorneherein auf das Ausatmen fixierten Atemholens.

*

Weilen ist oft gleichbedeutend mit *Verweilen* und hat dann eine gewisse räumliche Konnotation. Es kann soviel heißen wie bleiben, sich irgendwo länger aufhalten, – eine Bleibe haben. »Es brauchet aber Stiche der Fels / Und Furchen die Erd, / Unwirtbar wär es, ohne Weile«. (Hölderlin, *Der Ister*) Würde der Strom nur vorüberschäumen, ohne daß seine Wasser zugleich verharrten, so bliebe die Erde unbefruchtet, die ganze Gegend unbelebt. Auch Fausts »Verweile doch, du bist so schön« spricht von einem Weilen, das sich, ohne Blick auf sein Ende, in einer andauernden Gegenwart erfüllt, die nicht nur einen zeitlichen Charakter, sondern auch die Bedeutung räumlichen Anwesendseins hat.

Die Erfahrung der gegenwärtigen Weile ist jeweils – vielleicht unversehens – aus dem Fluß der Zeit herausgetreten und hat sich auf ihr Hier und Jetzt eingelassen. Die bekannten Sprichworte »Gut Ding will Weile haben« und »Eile mit Weile« empfehlen beide eine Art Eintauchen in die Gegenwart, ein Sich-Zeit-lassen. Die Zeit, die man sich läßt, hat kein Nicht-mehr, kein Noch-einmal und kein Noch-nicht, sie könnte in diesem Sinne gewissermaßen eine Nicht-Zeit genannt werden. Mit Weile zu eilen, heißt, sich in Langsamkeit einzuüben, sich auf eine Zeit der *Ruhe* und des *Bleibens* einzulassen.

Aristoteles hat die Zeit als »die Zahl der Veränderung hinsichtlich des Früher und Später« verstanden. In mindestens zwei Hinsichten bleibt diese Definition einseitig. Zum

---

erfüllt oder leer, kurzweilig oder langweilig, beglückend oder angstmachend empfunden werden.

einen ist, wie schon gesagt, das »Früher und Später« für unsere Zeiterfahrungen keineswegs immer maßgebend. Wenn wir von einer Weile, aber auch einer Phase oder Periode sprechen, meinen wir nicht so sehr den Ablauf von einem früheren zu einem späteren Zeit*punkt*, sondern die Zeit-spanne, den jeweiligen Bereich oder »Raum«, der sich *zwischen* Anfang und Ende erstreckt.

Und zum anderen spielt, was eng damit zusammenhängt, die Zeit zwar bei *Veränderung und Bewegung* eine entscheidende Rolle, aber auch die *Ruhe* und das Bleiben haben, gerade im Weilen und Währen, ihren eigenen Zeitcharakter.

Vielleicht könnte man die Ruhe statt als Ausnahme- oder Extremfall von Bewegung geradezu als Raum *für Bewegung* bezeichnen; sie hebt in der Ruhe an und geht in Ruhe über. Vorher und Nachher kommen in der währenden Weile kaum in den Blick, und so auch nicht irgendwelche in ihr vorkommenden zeitlichen Ereignisse.[14] Beim Sicheinlassen auf eine still währende Weile ist die Zeit weder Medium noch direkter oder indirekter Akteur von oder für Ereignisse. In der Erfahrung einer Weile der Ruhe ereignet sich scheinbar nichts. Und doch mag in ihrer scheinbaren »Ewigkeit« mancherlei geschehen.

Heidegger sagt in seiner Vorlesung *Der Ister:* »Der Aufenthalt ist ein Verweilen. Er bedarf der Weile. In ihr findet der Mensch die Ruhe. Dabei meint Ruhe nicht das Aufhören der Tätigkeit und den Fortfall der Störung. Ruhe ist das gegründete Beruhen in der Beständigkeit des eigenen Wesens. In der Ruhe ist das Wesen des Menschen in seiner Unverletzlichkeit aufbewahrt.« (23) Im Zusammenhang einer Erörte-

---

[14] Safranski merkt in seinem Buch *Zeit* kritisch an: »Man versucht die Zeit zu begreifen und bekommt doch nur die Ereignisse zu fassen, die in ihr geschehen, und weil die Zeit als bloßes Medium so schwer zu greifen ist, verwandelt man sie in einen Akteur, den man nie direkt, sondern immer nur in seinen Wirkungen fassen kann.« (88)

rung der Gelassenheit spricht er vom »Verweilen beim Beruhen in sich selbst«. In sich selbst zu beruhen ist eine Aus-
zeichnung der aus dem Weltgefüge her verstandenen Dinge.
Sie finden ihre je-weilige Ruhe in der ihnen zugehörenden
Weile[15], in der sie eben dann beruhen, wenn sie in sich selbst
beruhen.[16]

Die Aufmerksamkeit auf die »Weile« stellt somit eine
Gegenmöglichkeit zum Getriebenwerden durch die verfließende Zeit dar, zur Konzeption der Zeit als kontinuierlichem
Nacheinander, zur steten Abfolge von Jetzten. Diesem Fluß
der Zeit gegenüber erscheint die Weile eher als eine Fläche
oder ein Raum, sie verläuft gerade nicht linear. Sie hat prin-
zipiell Gegenwartscharakter, auch wenn sie in der Vergangenheit oder in der Zukunft stattfindet, bzw. Vergangenheit
oder Zukunft in ihr impliziert sind. Sicher kann die Situation
am Anfang einer Weile eine andere sein, als wenn sie zuende-
geht, z.B. wenn man eine Weile wartet oder ausharrt. Aber
im Begriff der Weile liegt dennoch eine gewisse Gleichzeitig-
keit, Anfang und Ende werden in Eines zusammengesehen,
als ein Eines erfahren; es kommt auf die Erstreckung als solche, als ganze an.

Die Weile impliziert eine gewisse *Geschlossenheit,* allerdings insofern doch eine *offene* Geschlossenheit, als ihr Ende
unbestimmt und offen bleiben kann. Ein ganz einfacher Bei-
spielsatz: »Eine Weile steigt der Weeg über Matten, dann
windet er sich rauh den Berg hinauf, die Sonne gieng uns
über den Gletschern auf und wir sahen sie der Reihe nach

---

[15] Heidegger würde vielleicht sagen: in der ihnen gewährten Weile. Vgl. auch
das »gönnen« in der zitierten Strophe aus Hölderlins *Brod und Wein* unten
S. 54.

[16] Das ganze Zitat lautet: »Die Gegend versammelt, gleich als ob sich nichts
ereigne, jegliches zu jeglichem und alles zueinander in das Verweilen beim
Beruhen in sich selbst. Gegnen ist das versammelnde Zurückbergen zum weiten Beruhen in der Weile.« (*Zur Erörterung der Gelassenheit,* 41 f.)

gegen über liegen.«[17] Man kann nicht sagen, daß diese Weile des Aufstiegs über die Matten ohne Anfang und Ende wäre; sie lassen sich, wenn es darauf ankommt, vermutlich genau angeben. Dennoch hat diese Abgeschlossenheit der Weile ihre eigene Unbestimmtheit. Im Unterschied zu einer Beschreibung im Reiseführer, wo die Strecke vielleicht mit einer halben Stunde oder sogar in km angegeben wäre, kommt es Goethe nicht auf die meßbare Zeit an, er evoziert mit seinen Worten einen Zeit-Raum, der *in* der Zeit, aber nicht an ihren Ablauf gebunden ist bzw. nicht durch ihren Ablauf skandiert wird. Mit der Nennung der Weile gibt er dem Aufsteigen seine eigene Periode, damit gewissermaßen sein eigenes Recht. Hätte er geschrieben:»Zuerst steigt der Weg ...«, so hätte das Ansteigen des Weges als etwas mißverstanden werden können, was man hinter sich zu bringen hat, als eine bloße Stufe in der Abfolge der Zeit.»Eine Weile steigt der Weeg über Matten« – in der Erinnerung könnte der Gedanke auch bei diesem Weg über die morgendlichen Wiesen verharren wie bei einem glücklichen Augenblick.

Die Weile hebt sich heraus aus dem Fluß der Zeit. Das besagt nicht, daß die Zeit nicht auch in der Weile»verfließen« würde. Aber die Weile ruht gleichsam im Fluß. Sie schmiegt sich ihm ein, er reißt sie nicht fort. Ihre *Weite* zeigt eine Offenheit an, sie weitet sich selbst ins Offene. Die *Weile* gibt dieser Offenheit einen eigenen Ort, quasi eine Geborgenheit. Die Öffnung geschieht, aber sie nimmt sich zurück in sich.»[B]leiben und stille bewahren / das sich umgrenzende Ich«[18] – bleiben, bewahren, sich umgrenzen. Jedoch nicht verharren im Sinne von stehenbleiben, festhalten im Sinne von nicht-loslassen-können, eingrenzen im Sinne von in feste Umrisse bannen. Nur dann kann die Weile ihre eigene

---

[17] Goethe, *Briefe*, 1779.
[18] Gottfried Benn, *Reisen*.

Weite und ihren Ort haben, findet umgekehrt die Weite ihr wahres Verweilen und ihre Eigenzeit, wenn sie in ihrer eigenen Bewegtheit ruht. Oder, um es mit anderen Worten zu sagen: wenn das Wohnen nicht das Wandern, das Wandern nicht das Wohnen vergißt.[19]

---

[19] Vgl. v. Verf., *Wohnen und Wandern.*

Einige Gedanken zur Weite

Weite Landschaft, weite Horizonte, das weite Meer, weite Strände, »o Täler weit, o Höhen«, »in die weite Welt hinein«. Weiter Atem, weites Herz, Gefühl der Weite, innere Weite, weite Aufmerksamkeit. Das Weite suchen, weit blicken, sich weit ausbreiten, weitergehen.

Oder auch: weit gefehlt, weit größer, weitaus, und so weiter, weit weg, weltweit, weitsichtig, nicht weit her. Die Weite erscheint vorrangig als ein Charakter des Raumes. Der erfahrene Raum hat Höhe, Tiefe und Breite, er hat Nähe und Ferne, Richtungen nach vorne und nach hinten, rechts und links, – und er kann eng und beschränkt oder geräumig und weit sein. Die spezifische Eigenart des Raumes, die in der Weite erfaßt wird, ist die ungemessene Erstreckung als solche, die tendenziell unbegrenzte Ausdehnung. Der weite Raum ist zumeist offen nach allen Seiten und vermittelt darum eine Stimmung von Ungebundenheit und Freiheit. Er ist nicht verstellt oder vollgestellt, läßt den Blick ungehindert umher und in die Ferne schweifen.

Darüber hinaus weist die Weite aber auch in eine je bestimmte hinausgehende Richtung, in einen von mir entfernt liegenden Bereich, ohne diesen als ein Ziel oder einen Endpunkt im Auge zu haben. In diesem letzteren Sinne ist sie eng verbunden mit »Ferne«; wir begegnen häufig der Zusammenstellung »fern und weit«, sprechen von einer weiten Reise und davon, daß einer es »weit bringen« werde. Die Sehnsucht geht in die Weite: »Bin ich gleich weit von dir, / bin ich

39

doch im Traum bei dir / und red' mit dir. / Wenn ich er-
wachen tu / bin ich allein.«[1]
Die Bedeutung des Ausgedehnt- und Geräumigseins hat
eine Konnotation von »Größe«, die in »Ferne« nicht liegt,
während andererseits die Bedeutungen von »fern«, »fremd«
und »weit weg« dem grenzenlosen Weitsein nicht zukommen. Die »weite Landschaft« erstreckt sich nicht erst in der
Ferne, sondern beginnt direkt hier vor mir, vor meinen Füßen. Wenn einer ein weites Herz hat, so schließt das nahe
Menschen und Dinge ebenso ein wie ferne. Oftmals gehören
aber beide Bedeutungen auch eng zusammen: Das Hänschen,
das allein »in die weite Welt hinein« geht, macht zwar seine
ersten Schritte in der Nachbarschaft und ist doch schon, in
dem Moment, wo er nicht mehr zu Hause ist, in der *weiten*
Welt, die weit ist, weil sie unabsehbar groß, aber auch fern
dem vertrauten Hiesigen ist. Und die »weiten Horizonte«,
die sich dem Blick vom Hügel herab auftun, sind einerseits
sehr fern, d. h. weit weg, aber sie haben auch eine unermeß-
liche und verheißungsvolle Größe. Sowohl die primär als
ausgedehnt wie die als fern empfundene Weite sind nicht
mit objektiven Maßstäben auszumessen und zu berechnen.
Weite im Sinne von großer »Ausdehnung« und »Erstreckung« hat häufig, trotz des unmittelbaren Bezugs auf
den Raum, über die räumliche hinaus eine zeitliche oder eine
begriffliche Bedeutung. Etwas erstreckt sich über einen weiten Zeitraum, vielleicht mehrere Jahre oder Jahrzehnte. Heidegger nennt in den *Zollikoner Seminaren* »eine gewisse
zeitliche Weite« als einen von vier Grundcharakteren der
Zeit. (60 f.) Ein Thema kann mehr oder weniger weit gefaßt
sein. Wer mit einer Äußerung »entschieden zu weit geht«,
tut dies nicht im unmittelbar räumlichen Sinne. »Weit« weist
da jeweils auf eine bestimmte, gewöhnlich eine erhebliche

---

[1] *Wenn ich ein Vöglein wär* (Volkslied, Herder).

Größe hin. Nehmen wir die Wendung »die Zeit ist weit fortgeschritten«: Man könnte das »weit« umschreiben mit »ein gutes Stück«. Zugleich scheint es einen gewissen »komparativen Charakter« zu haben. Dieses komparative oder vielleicht besser verstärkende Moment liegt in vielen Verwendungsweisen von weit, etwa »weit gefehlt«, »weit und breit«, sogar in »weltweit«. Eine ausdrückliche Steigerung findet sich in vielen Zusammensetzungen wie weitergehen, weiterdenken, weiterbilden, weiterentwickeln.

Entscheidend für die Bedeutung der Weite als Erstrekkung ist, daß sie wesentlich auf den sie Erfahrenden bezogen ist. Einerseits dadurch, daß sie sich vor ihm oder um ihn herum ausdehnt, sogar in ihm sein kann. Zum anderen und vor allem, weil die Weite immer eine erfahrene ist, – Weite »an sich« gibt es nicht. Höhe und Breite und Länge lassen sich »objektiv« messen, Weite nicht.[2] Wir empfinden Weite, z. B. im Vergleich zu einer Enge oder zu größerer oder geringerer Weite, zumeist aber »absolut«, im unmittelbaren Eindruck einer großen und offenen Ausdehnung.[3]

Sehen wir uns ergriffen von dem Anblick einer sich weit vor uns ausdehnenden Ebene, so erstreckt sich ihre Weite weder lediglich vor uns und also außer uns, noch ist sie bloße »subjektive« Empfindung. Vielmehr umfaßt bzw. unterläuft sie beide »Seiten« ineins. Genauer gehört sie – wie die Weile – zu den Phänomenen, die uns unmittelbar evident machen können, daß die Trennung in die beiden »Seiten« von Sub-

---

[2] Die Oberweite eines Kleidungsstücks oder die Weite eines Schuhs werden zwar in festen Maßgrößen angegeben. Aber da handelt es sich nicht um die *Weite des Raumes* im eigentlichen Sinne.

[3] Hermann Schmitz geht davon aus, daß der durch »eigenleibliches Spüren« präsente »Weiteraum« die ursprüngliche Dimension der menschlichen Erfahrung von Räumlichkeit ist. Die erste, präreflexive Erfahrung von Raum ist nach ihm die Weite, in der Leiblichkeit und Räumlichkeit als in ihrer untersten und umfassendsten Schicht gewissermaßen konvergieren.

jektivität und Objektivität immer schon zu spät kommt, daß die Welt, in der wir leben,»unsere Welt«, nur abstrahierend zu einem Subjekt/Objekt-Verhältnis uminterpretiert zu werden pflegt. Die Weite einer Landschaft ist höchstens abgeleiteterweise etwas, das wir rational konstatieren und in Maßzahlen angeben könnten. Wir nehmen sie mit dem Herzen wahr, spüren und fühlen sie.»Und meine Seele breitet / Weit ihre Flügel aus / Fliegt durch die stillen Lande, / Als flöge sie nach Haus.«[4] Sie macht uns weit, weil wir selbst ihrer Weite zugehören, weil sie in uns ist wie wir in ihr. Der Raum ist nicht Weite, ebensowenig wie er geometrischer oder z. B. Erlebnisraum ist. Aber wir können ihm als freier Weite, als fast unbegrenzter Ausdehnung, als offener Leere begegnen. Oftmals drückt sich diese Erfahrung in einem Bewußtwerden der Atmung aus. Im Einatmen dehnt sich der ganze Leib. Vor einer großen Landschaft zu stehen und ihre Weite ganz in sich aufnehmen zu wollen, bedeutet dann, tief einzuatmen, die gesehene Weite zur eigenen Weite werden zu lassen. Der Atem ist so gewissermaßen eine Vertiefung und Aktualisierung des Blicks, mit dem man das Begegnende ganz erfassen, in sich aufnehmen, sich an-eignen will.

Zugleich gehört zu diesem Aufnehmen im Sich-weiten des eigenen Körpers das Sich-verschenken im Ausatmen, das sich in die Weite verströmen, sich an das Gesehene hingeben will. Im Yoga und in unterschiedlich angesetzten Atemübungen wird oftmals der Nachdruck auf das Ausatmen gelegt. Das Ausströmen in die Weite soll Freiheit und Ruhe bringen. Enge und Angst sollen dabei weichen, so daß Raum für Offenheit und Weite entsteht, – bis hin zu einer möglichen Bewußtseinserweiterung. Immer wieder ist in der Yoga-Literatur von »innerer Weite« und von »Befreiung« die Rede, von

---

[4] Eichendorff, *Mondnacht*.

der Bewegung hin zu einer »inneren Langsamkeit und Weite«.

In der alten Textsammlung des Hinduismus, den *Upanishaden*, werden die alles durchdringende Weltseele, der *brahman* – was in seiner ursprünglichen Bedeutung u. a. »ausdehnen« heißt –, und die individuelle Seelensubstanz, das *atman* – das sprachgeschichtlich mit unserem Wort »Atem« zusammenhängt –, als ein Eines und Letztes gedacht, als die allumfassende, alles durchdringende Weite schlechthin, in die sich die Einzelseele unendlich aufzulösen trachtet. Die Mystik unterschiedlicher Völker und Zeiten hat sich in die Weite als das Nichts äußersten Seins zu versenken gesucht. Ich zitiere einige – wahrscheinlich von Meister Eckhart stammende – Verse und vorher aus einem Gedicht von Padmasambhava, der im 8. bis 9. Jahrhundert in Tibet (heutiges Pakistan) lebte:

Im unendlichen Mandala des Raumes
haben alle Phänomene leicht Platz,
sie haben Platz
und da ist immer noch Weite.
　Im leeren Mandala der Geistessenz
finden Erscheinungen und Dasein,
Götter und Dämonen leicht Platz.
Sie alle finden Platz
und doch bleibt immer noch Weite.

Und Meister Eckhart:

Der Weg führt dich
in eine wunderbare Wüste,
die breit, die weit,
unausmeßbar sich ausdehnt.
Die Wüste hat

43

weder Zeit noch Stätte,
ihr Dasein kommt nur ihr allein zu. *(Das Senfkorn)*

Als Offenheit, die über alle einzelnen Dinge und über alles
einzelne Verstehen hinaus ist, ist die Weite dem Nichts
gleich, gleicht sie der Nichthaftigkeit der Wüste. Aus ihrer
Nichthaftigkeit ergeben sich alle Dinge – die »hunderttausend« Dinge, wie Laotse sagt. »Und doch bleibt immer noch
Weite.« Die Weite des Nichts ist jenseits von Zeit und Raum,
ist »Weite ohne Weite und Breite ohne Breite; da erkennt die
Seele alle Dinge und erkennt sie dort vollkommen.«[5]

Doch Weite begegnet nicht nur in der mystischen Erfahrung, sondern, wenn man sich ihr öffnet, im alltäglichen Leben. »Der weite Raum / des Mondlichts – / das Wasser
rauscht.« (Tei) Man muß nur bereit sein, auf das Rauschen
zu hören. Oder auch: auf den Raum zu hören, d. h. den Raum
als solchen zuzulassen. Der offene Raum gibt Platz für alle
Dinge,[6] die gleichwohl fremde, eigene Dinge bleiben, weil er
selbst Weite, Offenheit, Ferne bleibt. Rilke schrieb in einem
Brief an Emanuel von Bodman vom 17. August 1901: »Aber,
das Bewußtsein vorausgesetzt, daß auch zwischen den *näch-
sten* Menschen unendliche Fernen bestehen bleiben, kann
ihnen ein wundervolles Nebeneinanderwohnen erwachsen,
wenn es ihnen gelingt, die Weite zwischen sich zu lieben,
die ihnen die Möglichkeit gibt, einander immer in ganzer Gestalt und vor einem großen Himmel zu sehen!«[7] Sieht man
den Anderen »vor einem großen Himmel«, so kann im »Nebeneinanderwohnen« Begegnung geschehen. Nähe entsteht
erst und nur in Weite.

---

[5] Meister Eckhart, *Predigt 38.*
[6] Heidegger sagt das so: Durch die freie Weite »ist das Offene angehalten,
jegliches Ding aufgehen zu lassen in sein Beruhen in ihm selbst.« (*Die Kunst
und der Raum,* 10)
[7] Rainer Maria Rilke, *Briefe,* Bd. 1, 23.

Wenn ich sage, daß die Erfahrung der Weite durchaus eine alltägliche sei, so gilt doch zugleich, daß man sich durch eben diese Erfahrung in gewissem Sinne aus der Alltäglichkeit heraussetzt, insofern man, etwa durch den »langen Atem«, buchstäblich durch das bewußte Ein- und Ausatmen, in eine gesteigerte Aufmerksamkeit gelangt. Die Erfahrung der Weite ist eine gewöhnliche Erfahrung, die aber in eine gewisse Außer-gewöhnlichkeit versetzen kann. Ich meine allerdings nicht, daß es die Erfahrungen des Weiteraums nur in außergewöhnlichen Bewußtseinssituationen gibt, wie Schmitz sagt.[8] Vielmehr erscheint es mir wichtig, sich zuweilen bewußt auf Erfahrungen der *Weite und Fremdheit* (oder Erstaunlichkeit) des alltäglichen Raumes einzulassen, so wie es bedeutsam und hilfreich ist, zuweilen auf *die Weile und das Verweilen* aufzumerken. Das Messen und Berechnen, das Einteilen und Planen von Räumen und Zeiten gehören unabdingbar zur heutigen Daseinsbewältigung. Aus ihnen kann man nicht einfach aussteigen. Doch es bleibt immer auch die Möglichkeit zum tiefen Atemholen und damit zum bewußten Sich-hineinstellen in die Welt mit ihren Weilen und Weiten.

So weit das Herz mir reichet,
wird es gehen.[9]

Wie weit aber reicht das Herz? Wie groß ist die Reichweite eines Herzens? Und was heißt es dem zuvor, daß es überhaupt irgendwohin reicht? Erstreckt es sich vielleicht immer und notwendig über sich hinaus? Erscheint das Hinausreichen nur darum als etwas Besonderes, weil es etwas ist, worauf man sich eigens einlassen, dem man sich überlassen muß

---

8 Er nennt u. a. Meskalinrausch, mystische Ekstase, Höhenangst.
9 Hölderlin, *Kolomb.*

bzw. kann? Mein Herz ist weit, reicht weit hinaus, wenn ich es weit öffne, wenn ich mich öffne in den weiten Raum, in dem vieles sein und geschehen oder auch nicht sein und nicht geschehen kann. Ich denke, daß zur Weitung des Herzens die Konkretheit seines In-der-Welt-seins gehört. Das geweitete Herz ist ein geerdetes Herz, das sich in die »Weite, in der sich Erde und Himmel, der Gott und der Mensch erreichen«, [10] in »die Weite des Spielraums zwischen Erde und Himmel« [11] einschwingt.

---

[10] Heidegger, *Das Wesen der Sprache*, 211.
[11] Heidegger, *Hebel – der Hausfreund*, 38.

Ausgekostete Zeit

Das Lied vom kleinen Wind

Eil, Liebster, zu mir, teurer Gast
Wie ich kein teurern find,
Doch wenn du mich im Arme hast
Dann sei nicht zu geschwind.
Nimms von den Pflaumen im Herbste
Wo reif zum Pflücken sind
Und haben Furcht vorm mächtigen Sturm
Und Lust aufn kleinen Wind.
So'n kleiner Wind, du spürst ihn kaum.
's ist wie ein sanftes Wiegen.
Die Pflaumen wolln ja so vom Baum
Wolln aufm Boden liegen.

Ach, Schnitter, laß es sein genug
Laß, Schnitter, *ein* Halm stehn!
Trink nicht dein Wein auf einen Zug
Und küß mich nicht im Gehn.
Nimms von den Pflaumen im Herbste
Wo reif zum Pflücken sind
...
(Bertolt Brecht, in: *Schweyk im zweiten Weltkrieg*)

Bemerkenswert an dem Verhältnis dieses Gedichts zur Zeit ist, daß Ruhe und Bewegung, Gegenwart und Zukunft, Eilen und Weilen bzw. Nicht-geschwind-sein innig ineinander verwoben sind. »Es muß die richtige Mischung sein zwischen

47

Geschwindigkeit und Zeitlassen. Kennens das Lied vom kleinen Wind?«, so hat denn auch Frau Kopcka, die Wirtin vom Wirtshaus »Kelch«, das Lied eingeführt. Es ist, obgleich es mit einem »Eil zu mir« beginnt, von einer Aufforderung zur Behutsamkeit, zur Bedachtsamkeit und Bedächtigkeit durchstimmt, zum Sich-einlassen und Auskosten. Aber zum Auskosten eines Tuns, das seine eigene Zeit, damit auch seine eigene Geschwindigkeit hat; die Langsamkeit führt nicht zum Stillstand. Das Vorübergehen des Geschehens wird je-weilig in es selbst zurückgeholt und in seiner eigenen Bewegtheit aufbewahrt. Es fällt auf, daß Brecht in dreifacher Wiederholung sagt, was bzw. wie es der Gast *nicht* tun soll. Nur implizit, und doch nachdrücklich, fordert er, nach dem anfänglichen »Eil zu mir«, in den angesprochenen Tätigkeiten – des Umarmens, Erntens, Trinkens und Küssens – zur Langsamkeit auf. Positiv, aber gleichwohl auch hier eher implizit, verweist er auf das Beispiel der Pflaumen, die auf den sanften Wind warten. Im folgenden Haiku finden wir dagegen eine ausgeführte positive Aufforderung: »Komm in die Hütte / Und bring vom Winde mit, / Der durch die Fichtenzweige weht.«[1] Auch hier geht es um eine Weile des Verweilens, die ebenfalls in einem Zusammenhang mit einem Wind gesehen wird. Er soll von draußen, wo er in den Fichten weht, mit hereingebracht werden. Die Differenz zwischen dem Draußen der Fichten und dem geschützten Drinnen der Hütte ist vielleicht der zwischen dem mächtigen Sturm und dem kleinen Wind bei Brecht vergleichbar. Auch hier ist das Ziel des Kommens keine leblose Ruhe des bloßen Daseins, vielmehr eine in sich bewegte, aber gestillte Weile. Eine »richtige Mischung zwischen Geschwindigkeit und Zeitlassen«.

---

[1] Vgl. zu diesem Haiku ausführlicher v. Verf., *Nichts*, 43 f.

Die hier wie dort erbetene Zeit ist ein Raum des Gemeinsamseins. Wenn ich meine Zeit mit jemand teilen will, lade ich ihn zu mir in meinen Raum ein, in meine Arme, in meine Hütte. Wenn wir die Zeit nicht metrisch, sondern als in sich geweitetes Weilen verstehen, verstehen wir sie als einen ruhigen Raum, in dem wir uns mit dem Anderen zusammen aufhalten und eine Zeitlang[2] verweilen können: »wenn du mich im Arme hast, dann sei nicht zu geschwind.« »Trink nicht dein Wein auf einen Zug und küß mich nicht im Gehn.« Positiv gesagt, hieße das zunächst einmal: Nimm dir Zeit für das, was du tust. Man sagt auch: Laß dir Zeit. Wie viele andere Wendungen mit »Zeit« geht uns auch diese leicht über die Lippen und ist doch, wenn man genauer hinsieht, erstaunlich: Wie macht man das, sich Zeit lassen, woher nimmt man sie, wie geht man mit ihr um, wenn man sie sich läßt? Im Grunde ist es wohl so, daß wir sie uns lassen, wenn wir uns ihr überlassen. Seinen Wein nicht auf einen Zug, sondern gemächlich, Schluck für Schluck, in den Zwischenräumen von Gesprächen zu trinken,[3] heißt, sich der Zeit zu überlassen, sich einzulassen in die Zeit, die – wie lang oder kurz auch immer – gegenwärtig da ist, und nicht, nur scheinbar mit ihr, über sie hinauszueilen. Die Zeit, die du dir läßt, ist Zeit, die du dir nimmst und die du dann tatsächlich hast.[4] »Und was du hast, ist / Athem zu hohlen«, sagt Höl-

---

[2] »Zeitlang« bedeutet im Bayrischen so viel wie »Sehnsucht«: »Ich habe Zeitlang nach jemanden, so sagt man in Bayern. Oder: Ich war so lange weg, ich habe Zeitlang. Heimweh kann das auch sein. Aber natürlich auch Sehnsucht nach der Geliebten, das ist alles ›Zeitlang‹.« (Sten Nadolny in einem Interview, in: *der Freitag*, 25. Mai 2012)

[3] Früher ließ man von dem Wein, den man trank, einen Schluck im Glas für die Götter, – vielleicht eine letzte Erinnerung an ein Opfer an das Schicksal, man könnte auch sagen: an das Leben, das die Weile des Weintrinkens schenkt.

[4] Im heutigen Berufsleben scheint es oftmals zum apriorischen Selbstverständnis und sozusagen zum guten Ton zu gehören, keine Zeit zu haben.

49

derlin *(Der Adler)*. Das Atemholen gilt als eine ausgezeichnete Weise des Kommunizierens mit der Welt,[5] des sich einfügenden Teilnehmens an ihr. Es rhythmisiert die Zeit und fügt sich damit selbst in sie ein. Dieses Sich-einfügen des Atmens in die Welt ist andererseits auch der Grund dafür, daß Hölderlin von den Grenzen der Atmenden sprechen kann, die durch Selbstüberschätzung und Maßlosigkeit überschritten und von den Göttern grausam bestraft werden:

> Ihr Städte des Euphrats!
> Ihr Gassen von Palmyra!
> Ihr Säulenwälder in der Eb'ne der Wüste,
> Was seid ihr?
> Euch hat die Kronen,
> Dieweil ihr über die Grenze
> Der Othmenden seid gegangen,
> Von Himmlischen der Rauchdampf und
> Hinweg das Feuer genommen;
> [...]
>
> *(Lebensalter)*

Ein flüchtiger Kuß nur im Vorübergehen ist ums Ganze verschieden von dem Kuß, während dessen die Zeit stille steht bzw. allererst ihren eigenen Horizont und Raum gewinnt, den Raum innigen Zusammenseins.[6] Der Kuß, jedenfalls der

---

[5] Obgleich es ein selbstverständliches physiologisches (lebensnotwendiges) Phänomen ist, wird das Atemholen heute oft als Symbol für Gelassenheit, Stille, Entspannen gebraucht. Einige gegoogelte Belege: »Die Stille ist das Atemholen der Welt«. (Friedel-Marie Kuhlmann) »Traurigsein ist wohl etwas Natürliches. Es ist wohl ein Atemholen zur Freude, ein Vorbereiten der Seele dazu.« (Paula Modersohn-Becker) »Gebet ist das Atemholen der Seele.« (John Henry Newman) »Trauer ist das Atem holen zum Glück ...« (Doris Trampnau).

[6] Vgl. dieses kleine Gedicht von Heinrich Heine:
Hast du die Lippen mir wundgeküßt,

Kuß zweier Liebender, gehört zu den menschlichen Äußerungen, die das bis zum Einswerden gehende Sich-aufeinander-einlassen zweier Individuen in besonderem Maße wirklich werden lassen. Sie lassen sich aufeinander ein, geben sich einander, indem sie sich ihrem »Tun« anheimgeben, ihm sein eigenes Recht, sein Genüge geben, seinen Raum und seine Zeit, seine Weile und seine Weite.

»Ach, Schnitter, laß es sein genug, laß Schnitter, ein Halm stehn!« Laß es genug sein, begnüge dich mit dem Augenblick, wie kurz oder lang er jeweils auch sein mag. Das Voranhasten und Weitereilen ist stets auf ein – und sei es auch imaginäres – Ziel und Ende aus. Das Schneiden des Korns bedarf jedoch keiner Vollendung im Sinne einer restlosen Vollständigkeit. »Laß ein Halm stehen«. »Wenn Du deine Ernte auf deinem Feld einbringst«, so steht es in 5. Mose 24,19, »und du hast eine Garbe auf dem Feld vergessen, sollst du nicht umkehren, um sie zu holen. Für den Fremden, für die Waise und für die Witwe soll sie sein.« Mit dem Stehenlassen öffnet sich ein Zeit-Raum, in dem der Zug zur Vollendung, zum Abschluß, zum Zeitvergehen getilgt ist, in dem vielmehr etwas offen bleibt, weil und solange es ist und weilt. Im Zusammenhang des Brechtschen »Wirtshauses zum Kelch«, wo Frau Kopcka in Schweyks Traum das »Lied vom Kelch« singt, macht im Stehenlassen des Halms durchaus auch der Gedanke des Stehenlassens des Halms für alle, die seiner bedürfen, einen Sinn.[7]

So küsse sie wieder heil,
Und wenn du bis Abend nicht fertig bist,
So hat es auch keine Eil.
Du hast ja noch die ganze Nacht,
Du Herzallerliebste mein!
Man kann in solch einer ganzen Nacht
Viel küssen und selig sein.

[7] Die letzte Strophe dieses Liedes geht so:

Der Refrain von den Pflaumen im Herbste scheint zunächst dem bisher Ausgeführten zu widersprechen. Die Furcht vorm mächtigen Sturm ist wie die Lust auf den kleinen Wind in eine mögliche Zukunft gerichtet. Doch gerade durch die Alternative ist dieses Zukünftige, das sich in der Reife selbst anzeigt, in die unbestimmt gegenwärtige Weile hineingeholt. Die Pflaumen wollen nicht mehr am Baum hängen, sie wollen, schwer von der in ihnen angesammelten Fülle und Süße, hinunter auf den Boden. Insofern sind sie gewissermaßen im Aufbruch, wie der Gast, für den es Zeit ist zu gehen.[8] Aber sowohl hier, bei der Lust auf den kleinen Wind, wie dort, beim noch ansichhaltenden Abschied, ist keine Ungeduld im Spiel. Hier wie dort gibt es einen andauernden Augenblick des Auskostens, des Noch-daseins.

Die Pflaumen haben Lust auf den kaum gespürten kleinen Wind. Auf eine Bewegung, in der sie sich sanft wiegen lassen und so ganz da sein können und in der sie doch einen Vorhauch des Zukünftigen fühlen und erträumen, des Auf-dem-Boden-liegens, zu dem, so scheint es das Gedicht zu sehen, ihr Pflaumesein als ein solches drängt. Zwischen der Lust des Sich-wiegens im leichten Wind und dem Wollen zur Erde hin besteht offenbar kein Widerspruch. Ich denke, das erklärt sich daraus, daß die Zeit am Baum ihre selbstverständliche, sozusagen gewachsene Erfüllung im Liegen auf dem Boden findet. Zugleich sind sie »reif zum Pflücken«.

Einmal schaun wir früh hinaus
Obs gut Wetter werde
Und da wurd ein gastlich Haus
Aus der Menschenerde.
Jeder wird als Mensch gesehn
Keinen wird man übergehn
Ham ein Dach gegn Schnee und Wind
Weil wir arg verfroren sind.
Auch mit 80 Heller.

[8] Siehe unten S. 114 ff.

Auch das Gepflücktwerden scheint eine mögliche Er-gänzung ihres Pflaumeseins zu sein. Doch sollte dieses kein unzeitiges sein; es sollte ihnen die Zeit zur Reife lassen. Auch hier gilt: »Es muß die richtige Mischung sein zwischen Geschwindigkeit und Zeitlassen«, zwischen Wollen und Warten, zwischen dem In-den-Arm-nehmen, dem Schneiden des Korns und dem Herkommen auf der einen Seite und dem Im-Arm-halten, dem Stehenlassen der letzten Halme und der Weile des Küssens auf der anderen.

Zögerndes Verweilen

Etwas eine Weile lang zu tun, eine Weile lang irgendwo zu verweilen, das kann heißen, daß man sich selbstvergessen an die Gegenwart hingibt, sei es in einer kurzen oder langen Weile, für einen Augenblick oder eine ungemessene Dauer. Aber es kann auch ein bewußtes Bleiben sein, ein Beharren und Verharren. Und dieses Verweilen kann dann ein Zögern und Sich-noch-zurückhalten sein, zuweilen auch ein Zaudern. Im Zusammenhang eines Preisens des *Tages* sagt Hölderlin, daß es doch auch des zögernden Ansichhaltens der *Nacht* bedarf. »Aber sie muß uns auch, daß in der zaudernden Weile, / Daß im Finstern für uns einiges Haltbare sei, / Uns die Vergessenheit und das Heiligtrunkene gönnen« *(Brod und Wein)*. Die Nacht kann etwas Bergendes und Raum Gewährendes an sich haben, wer in ihr nicht bloß wach liegt, sondern *wacht*, kann sich aufgehoben fühlen, berauscht von der Stille, selbstvergessen und geschützt vor den mannigfachen Begebenheiten und Herausforderungen des Tages. Es ist die Nacht selbst, die, indem sie durch ihr Zögern gleichsam die Zeit anhält, den Menschen solches Innehalten und Bewahrtsein *gönnt*. Sie müssen sich ihr jedoch bewußt überlassen, sich in sie finden. Hölderlin fährt fort: »Gönnen das strömende Wort, das, wie die Liebenden, sei, / Schlummerlos, und vollern Pokal und kühneres Leben, / Heilig Gedächtnis auch, wachend zu bleiben bei Nacht.« Die zaudernde und zögernde Weile der Nacht gibt sowohl Vergessen und heilige Trunkenheit wie – zugleich mit diesen, ohne Widerspruch dazu – Gedächtnis und tätiges Leben.

Das Zögern des Weilens und Verweilens ist oftmals nur

eine kaum merkliche Nuance des Sichaufhaltens und Bleibens. Diese Nuance kann, wie hier bei Hölderlin, ein gewisses – vergessendes wie gedenkendes – Festhalten am *Gewesenen* sein. Im Angesicht des Vergehens kann sich das Weilen aber auch in das bzw. vor dem sammeln, was erst noch kommen wird, z. B. in das, was rückblickend sein letzter Augenblick gewesen sein wird, sein – zukünftiges – Enden. Das Eintreffen eines *Kommenden* ist dann in dem noch Währenden schon irgendwie präsent, wenn auch gerade nur so, daß es dessen Fortgehen an- und aufhält. Wie etwa in folgenden Versen von Rilke: »Wer hat uns also umgedreht, daß wir, / was wir auch tun, in jener Haltung sind / von einem, welcher fortgeht? Wie er auf / dem letzten Hügel, der ihm ganz sein Tal / noch einmal zeigt, sich wendet, anhält, weilt –, / so leben wir und nehmen immer Abschied.«[1] Der zögernd verweilende Blick zurück ist hier der eines Fortgehenden.

Oder wie in diesen Versen: »Sie weilen noch · der erste frühwind strich .. // Sie harrten wohl bevor sie ganz zerschellten«.[2] George spricht hier von einem Entschwinden »schemenhafter Gestalten«, die nun, »festgebannt« und wesenlos geworden, zwar nicht mehr bedrängen und quälen, aber doch noch, obgleich nur als Schatten, wirken – noch weilen und harren. Aber eben: *nur noch* weilen und harren. Darin liegt schon ein Weiteres, Neues. Das im Frühwind noch verharrende Zerschellen vermag das Sprechen des Dichters zu eigenem Sprechen zu entzünden.

»Die Götter halten die Waage / eine zögernde Stunde an«, sagt Benn in dem Gedicht *Astern*.[3] Die Waage ist zwar

---

[1] Rilke, *Duineser Elegien*, 8.
[2] Stefan George, *Der siebente Ring*.
[3] Vgl. zu diesem Gedicht auch v. Verf. *Nichts*, 45 ff. Die erste Strophe des Gedichts lautet ganz:
  Astern – schwälende Tage,
  alte Beschwörung, Bann,

im Gleichgewicht, doch als angehaltene, zurückgehaltene: die zögernde Stunde wird vorübergehen. Irgendwie scheint sie auf dem Sprung zu sein. Bleiben und Vergehen verharren in der Unentschiedenheit einer Weile an der Schwelle von Dasein und Nicht-mehr-dasein. Zwischen Tag und Abend wie zwischen Sommer und Herbst ergibt sich ein Moment des scheinbaren Gleichgewichts von Bleiben und Vergehen, ein Moment des Anhebens, der zugleich noch Moment des Aufhörens ist. Diese unmeßbare Weile ist die unsichtbare und gleichwohl bestehende Schwelle zwischen dem Einen und dem Anderen, zwischen Noch und Nicht-mehr, an der das bisher Gewesene *noch einmal* aufscheint, – fast so, wie Rilkes Fortgehender auf dem letzten Hügel noch einmal stehen bleibt und zurückschaut. In drei Wiederholungen evoziert Benn in diesem Gedicht ein solches »noch einmal«:

Noch einmal die goldenen Herden,
der Himmel, das Licht, der Flor,
was brütet das alte Werden
unter den sterbenden Flügeln vor?

Noch einmal das Ersehnte,
den Rausch, der Rosen Du –
der Sommer stand und lehnte
und sah den Schwalben zu,

Noch einmal ein Vermuten,
wo längst Gewissheit wacht:
Die Schwalben streifen die Fluten
und trinken Fahrt und Nacht.

---

die Götter halten die Waage
eine zögernde Stunde an.

»Der Sommer stand und lehnte und sah den Schwalben zu.« Ein starkes Bild für ein Weilen und Verweilen. Hier gibt es zwar ein Zögern, aber keines, das aus Furcht oder Sorge vor Ende und Vergehen verharrte, kein Zaudern. Der Sommer stand und lehnte. Die merkwürdige Ortlosigkeit dieses Stehens und Lehnens – wo steht er? woran lehnt er? – erhöht noch den Eindruck einer zeitlosen Gelassenheit und Ruhe. »Stand« und »lehnte« sind die beiden einzigen im Präteritum stehenden Verben des Gedichts, alles andere ist präsentisch ausgedrückt. Dieses Präteritum verweist gleichwohl nicht auf eine abgeschlossene Vergangenheit, nicht auf eine Zeit, die vor der Präsenz des Augenblicks läge.[4] Es bezeichnet die Weile eines gelassenen Abwartens, in dem – eben doch – ein Zögern ist, zumindest im Schauen auf die Schwalben, die die Fluten streifen und *Fahrt* und *Nacht* trinken.

»Eine zögernde Stunde« – ich denke, es könnte auch heißen: *eine zögernde Weile.* So stand einmal in einem Nachruf zu lesen: »Der große Zeiger steht noch eine zögernde Weile still, bevor – unbegreiflich – das Leben weitergeht.« Häufig wird, wie in dem letzten Zitat, dem Weilen und Verweilen ein »noch« hinzugefügt. Noch – das verweist auf ein Bald-nicht-mehr, ein Vergehen. Doch liegt im Vergehen selbst ein Zweifaches: einerseits bedeutet es das Faktum des Endens, Aufhörens, Sterbens. Andererseits schließt dieses Vergehen, in Opposition zum Stehenbleiben, doch auch ein gewisses Weitergehen ein, es nennt die Bewegung des Aufhörens selbst. Etwas weilt noch, setzt aber, verhüllt, fast schon zum Abschied, zum Zerschellen, zum »nicht mehr« an. Entsprechend heißt es oft »noch eine kleine Weile« oder »nur eine kleine

---

[4] Ist der hier implizierte Zeitbezug im Sinne dessen zu verstehen, was in der Sprachwissenschaft ein »imperfekter Aspekt« genannt wird? Er würde hier einen Verlauf von Zeit anzeigen, der »das Andauern eines Ereignisses als sich Vollziehendes in einer *Gegenwart der Vergangenheit*« bedeutet; vgl. Rolf Elberfeld, *Sprache und Sprachen,* 268.

Weile«. Die Weile ist dann aus der großen, verlaufenden Zeit gewissermaßen ausgespart, noch da, nur kurz da. Eben daher rührt das Phänomen des Zögerns und Nochansichhaltens.

»Aber schön ist der Ort«

Orte – es gibt wohl kaum ein anderes Wort der deutschen Sprache, das so vielfältig gebraucht wird wie »Ort«. Wikipedia führt 16 Bedeutungen an, in denen das Wort »Ort« vorkommt oder vorkam und die ich hier zu vier Gruppen zusammenfasse: Zum einen hieß früher eine Art *Maßeinheit* (Ursprung: ein Viertel) in unterschiedlichen Bereichen »Ort«: ein Münzwert, eine Gewichtseinheit, ein bestimmter Abschnitt auf einem Wappen (ein Neuntel), ein Weinmaß (z. B. 1 Krug oder 1 Kanne gleich 4 Ort). Sodann heißen »Orte« konkrete *Stellen an Dingen*, die, wiederum in ganz unterschiedlichen Bereichen, so etwas wie eine Spitze, einen Anfangs- bzw. Endpunkt benennen: die *Giebel-Begrenzung* eines Daches (Ortgang), die Spitze von Schwertern und Degen, in der Schuhmacherei die Ahle, das Ende eines Bergwerkstollens (»das Ort«). Drittens spielt der »Ort« in unterschiedlichen Bereichen der *Raumbetrachtung* eine Rolle. So untersucht man geometrische, physikalische, geographische, astronomische Orte. Und schließlich gibt es den Ort im Sinne von *Ortschaft*, Siedlung, Verwaltungseinheit.

Was erstaunlicherweise in dieser Aufzählung fehlt, ist der Ort als Platz, Stätte oder Stelle, der Ort, der lateinisch *locus* und griechisch *topos* heißt und der in Zusammensetzungen wie Erinnerungsorte, Tatort, Ortlosigkeit vorkommt sowie in Verknüpfungen wie »Zeit und Ort«, »Ort und Raum«. Der Zusammenhang mit den beiden letzten zuvor genannten Bedeutungen – physikalischer Ort und Ortschaft – ist zwar in manchem Einzelfall fließend, aber ein »heiliger

Ort«, die »Traum- und Sehnsuchtsorte« oder ein »Ort des Grauens« meinen jedenfalls grundsätzlich anderes als das in den übrigen Bedeutungen Angesprochene. Auch dieser »Ort« deckt seinerseits noch ein weites Feld des Bedeutens ab, was sich z. B. auch an der Vielfalt der möglichen Entsprechungen im Englischen ablesen läßt: place, spot, position, location, site u. a. Mir geht es im Folgenden um *Ort* in diesem letzteren – sowohl alltagssprachlichen wie philosophischen – Sinn.[1] Ich beginne mit einem kurzen Blick auf den Begriff des *Ortes* in einer relativ frühen und einer relativ späten Position der abendländischen Philosophiegeschichte, die beide nur punktuell und bloß als Anregung angesprochen werden sollen.

Bei *Aristoteles* finden sich zwei gerade in ihrer Duplizität interessante Bestimmungen des Ortes. Der *topos* ist zunächst einmal der von einem Körper eingenommene und ausgefüllte Raum. Damit ist nicht die äußere Grenze des Körpers selbst gemeint, sondern die dem Körper unmittelbar anliegende, innere Grenze des Umgebenden, die beim Ortswechsel nicht mit ihm mitgeht. Der Ort ist somit keine Eigenschaft des Dinges, aber jedes Ding ist als solches lokalisiert, es ist irgendwo, also an einem Ort, das *pou* – Wo – ist eine der der Substanz zukommenden Kategorien. Über diese ontologische Bestimmung hinaus bedeutet das Wo für jedes Ding seinen ihm eigentümlichen Ort im Kosmos. Den vier Elementen entsprechen vier natürliche Richtungen oder »Orte«, das absolute Unten der Erde, das absolute Oben des Äthers und dazwischen der weniger schwere Ort des Wassers und der weniger leichte Ort des Feuers. Aufgrund seiner materiellen Zusammensetzung, d. h. seiner spezifischen Mischung der Elemente, bewegt sich jedes Ding von Natur aus

---

[1] Dazu würde eigentlich auch eine genauere Beschäftigung mit den »sprachlichen Orten« und den »anthropologischen Orten« gehören.

in eine der vier Richtungen im kosmischen Raum, um dort an »seinem« Ort zu verharren. *Hegels* Bestimmung des Ortes geht nicht, wie die von Aristoteles, vom Körper und seiner Bewegung oder Veränderung aus. Hegel setzt ihn an dem Kreuzungspunkt von abstraktem Außereinander des Raumes und unterschiedsloser Kontinuität der Zeit an, als »die gesetzte Identität« beider. »Der Ort ist die *räumliche*, somit gleichgültige Einzelheit und ist dies nur als räumliches Jetzt«.[2] In dieser Bestimmung des Ortes als *räumliches Jetzt*, der in ihrer Hegelschen Bedeutung hier nicht näher nachgegangen werden kann, könnte man einen gewissermaßen unwillkürlichen Wink auf das ursprüngliche Ineinanderverflochtensein von Raum und Zeit sehen, das in der Zusammenstellung von Weile und Weite impliziert ist, und insbesondere auf die Frage nach dem Ort als *Augenblick des Raumes* bzw. nach einem Augenblickscharakter des Raumes.[3]

Was heißt nun genauer *Ort* und in welchem Bezug steht er zum *Raum?* In Goethes langem Gedicht »Die vier Jahreszeiten« finden sich unter dem Titel »Sommer« auch zwei Zeilen, die uns einen ersten Hinweis auf den Unterschied zwischen Ort und Raum geben, auch wenn sie einen ziemlich reduzierten Begriff von »Raum« implizieren:

Immer war mir das Feld und der Wald, und der Fels und
die Gärten
Nur ein Raum, und du machst sie, Geliebte, zum Ort.

Ein Fels z. B., irgendwo zwischen Wiese und Bach, ist zunächst eine beliebige Raumstelle, gewissermaßen ein Punkt unter anderen im leeren Raum. Erst das Dasein der Geliebten

---

[2] *Enzyklopädie,* §261.
[3] Vgl. unten S. 71 ff.

macht diese neutrale Stelle zu einer besonderen, gibt ihr Gewicht, unterscheidet sie von anderen, die zugleich durch eben diese Unterscheidung selbst zu besonderen werden können.

Das öde Feld, der unheimlich-düstere Wald, der kunstvoll gestaltete Garten, – sie alle erhalten ihre spezifische Qualität als diese je bestimmten Orte erst durch das Dasein oder Nichtdasein eines Menschen.[4]

Fassen wir das Gesagte etwas allgemeiner, so besagt es: erst das Erblickt- oder Gelebtwerden eines Raumes macht aus seinen unterschiedlichen Stellen besondere Orte. Oder noch allgemeiner: erst die lebendige Erfahrung macht aus Erstreckungen im scheinbar absoluten Raum Gegenden einer Welt, in denen es – an deren Orten und zu deren Zeiten – Menschen und Dinge und Geschehnisse gibt. Seit Husserls Untersuchungen zur Dingkonstitution in seinen Vorlesungen *Ding und Raum* (1907) und Heideggers Überlegungen zum In-der-Welt-sein in *Sein und Zeit* (1927) gab es im vergangenen Jahrhundert immer wieder neu einsetzende kritische Auseinandersetzungen mit der mathematischen und physikalischen Auffassung des absoluten Raums, die seit Newton das Alltagsbewußtsein bestimmt hatte.

Ohne daß ich hier auf die vielfältigen Unterscheidungen in Wahrnehmungs-, Empfindungs-, Orientierungsraum, gestimmten oder konkreten oder gelebten Raum usw. eingehen will, gehen auch meine Überlegungen stets davon aus, daß die Orte und Räume jeweils in wechselseitig bestimmenden, konstitutiven Bezügen zum sie erfahrenden Menschen stehen. Das menschliche Sein in der Welt hat eine konstitutive

---

[4] Drei Zeilen aus Christian Felix Weißes Gedicht *Amynt und Doris* sprechen aus einer ähnlichen Erfahrung:
    Ein jeder Ort, wo ich dich finde,
    Wird mir ein Heiligthum: die Linde,
    Der Hayn, die Au, das Ufer hier.

Bedeutung für die Orte. In dem Zitat von Goethe ist es die Liebe selbst, die die neutralen Räume zu bedeutsamen Orten verwandelt. In dem, was Orte sind, wird, was für das menschliche Verstehen im weiteren Sinne überhaupt gilt, besonders evident: Natürliche Erscheinung und menschliche Erfahrung stehen in einem tiefgreifenden und vielfältigen Wechselverhältnis zueinander. Es gibt keine naturhafte Bedeutsamkeit ohne die menschliche Wahrnehmung, und es gibt kein menschliches Wahrnehmen ohne natürliche Vorgegebenheit. Auch wo vom Menschen nicht die Rede ist, sind die Orte bereits mit dem menschlichen Auge gesehen.

Nehmen wir zwei Beispiele aus Hölderlin-Gedichten: »Aber schön ist der Ort, wenn / in Feiertagen des Frühlings / Aufgegangen das Tal«. *(Der Gang aufs Land)* Und: »Die Orte aber in der Gegend / Ruhen und schweigen den Nachmittag durch.« *(Wenn aus dem Himmel ...)* Jeweils ist es keine »subjektive Zutat«, die hier die landschaftlichen – angeblich »objektiven« – Gegebenheiten zu Orten machen würde, sondern diese *sind* überhaupt erst und nur Orte, insofern sie in einer menschlichen Welt – und welche andere Welt hätten wir? – vorkommen und ihre Bedeutsamkeit haben.

Neben dem Bezug, den die Orte zum *Erblickt- und Erfahrenwerden* haben, sind es vor allem drei weitere Beziehungen, in denen sie uns begegnen. Zunächst stehen die Orte stets in einem ausdrücklichen oder unausdrücklichen Verhältnis zur *Zeit*. In den beiden Hölderlin-Zitaten werden – wie nebenbei – einmal die Feiertage des Frühlings, einmal der Nachmittag, also jeweils zeitliche Bestimmungen genannt. Die Welt, aus der heraus die Orte erscheinen, ist eine räumliche *und* zeitliche Welt. Im menschlichen Bezug zu ihnen gibt es nicht nur ein Oben und Unten, Näher und Ferner, sondern auch ein Früher oder Später, Länger oder Kürzer.

Zum Zeit-Bezug der Orte gehört oftmals auch ihr Geschichtsbezug.[5] So wie Orte im Sinne von Ortschaften ihre besondere Geschichte haben, die sich zuweilen in historischen, denkmalgeschützten Ortskernen bewahrt hat, so versammeln auch andere, menschengemachte und natürliche Orte ihre je eigene Geschichte in sich,[6] die sie zu ausgezeichneten Erinnerungsorten, auch zu Kultorten machen können.[7] Monumente sind Orte, die Geschichtliches präsent halten sollen. Dagegen erscheinen zuweilen Orte, die geschichtslos sind, geradezu als Unorte. Orte sind sodann nicht ohne *die Räume*, aus denen sie »auftauchen«, durch die hindurch sie sich aufeinander beziehen. Zuweilen ist ein solcher Raum vielleicht nichts anderes als ein Zusammenspiel des Ortsgefüges selbst, in das ein bestimmter Ort hineingehört. Auf schwer beschreibbare Weise scheinen einige Stilleben von Cézanne, auf denen sich verschiedene Dinge unausdrücklich aufeinander beziehen, ihre unscheinbare Kraft mit daraus zu ziehen, daß in ihnen der unsichtbare Raum sichtbar wird, der sie verbindet oder unterläuft. Dasselbe mag für Landschaftsbilder mit hervorgehobenen Orten gelten. Oder auch für Gedichte, die Orte thema-

---

[5] Ich denke allerdings nicht, daß der Geschichtsbezug notwendig für jeden Ort als solchen charakteristisch ist, wovon dagegen Augé ausgeht: »… der Ausdruck ›Ort‹ *(lieu),* der sich zumindest auf ein Ereignis stützt (das stattgefunden hat – *qui a eu lieu),* auf einen Mythos (einen Flurnamen – *lieu-di)* oder auf eine Geschichte (einen Schauplatz der Geschichte – *haut lieu).*« (Alle drei Momente implizieren Geschichte. *Nicht-Orte,* 86 f.)

[6] Walter Benjamin hat, z. B. in *Einbahnstraße* und in *Berliner Kindheit,* eine Fülle von Orten voller Geschichte aufgezeichnet und ausphantasiert.

[7] So spielen die *Kindheitsorte* in der Kindheitsforschung eine besondere Rolle (»Topographie der Kindheit«). Vgl. den folgenden Textausschnitt: »Oft sind es Naturorte, die ein Stück Kinderglück zurückbringen, Wälder, ein einzelner Baum oder ein Stückchen Heimatgrün. Manchmal sind es aber auch Orte im Umfeld unserer damaligen Wohnung, an denen ich vor vielen Jahren viel Zeit verbracht habe. Leerstehende Gebäude, Bauruinen, Stauwehre und Mühlen, der Fluss und verlassene Gartenanlagen waren unser liebster Spielplatz.« (http://dieraumfee.blogspot.com/2014/03/gerasmühle.html)

tisieren. *Zwischen* diesem und jenem Ort ebenso wie *zwischen* einem Ort und uns ist nie nichts. Anderenfalls könnten wir sie gar nicht als Orte erfahren. Ob wir dieses unsichtbare Dazwischen als Raum oder als Welt oder sogar als Nichthaftigkeit bezeichnen, hängt von der jeweiligen Sichtweise und Fragestellung ab. Jedenfalls stehen Orte aus ihrem Umfeld heraus, eben durch ihre Bestimmtheit und Besonderheit,[8] mit der sie sich zugleich auf andere Orte beziehen bzw. diesen gegenüber abgrenzen. Damit sind wir auch bei der letzten hier zu nennenden Beziehung, der zu *anderen Orten*. Daß Orte zueinander gehören oder einander verdrängen können, daß sie uns näher oder ferner, vertrauter oder fremder, unheimlich oder bedrohlich oder ersehnt erscheinen, daß sie als passend und geeignet oder »deplaziert« wirken können, das alles impliziert, daß in ihnen immer schon auch ein Bezug auf andere Orte gegeben ist, mit denen es jeweils eine andere Bewandtnis hat. Auch wenn man sich scheinbar auf einen einzelnen Ort bezieht – und sei es der eigene, an dem man sich gerade befindet –, begegnet dieser doch in einer – möglicherweise unausdrücklich bleibenden – Vielfalt von Orten, in einem Beziehungsgefüge, das, für sich betrachtet, eine spezifische Welt ausmacht.[9]

Der Bezug unterschiedlicher Orte aufeinander kann etwa von der Art sein, daß kleinere von größeren Orten umfangen oder umfaßt werden – mein Sitzplatz am Schreibtisch vom Zimmer, vom Haus, von der Straße, dem Viertel, dem

---

[8] Auch wenn man sagt, etwas sei »am falschen Ort« oder umgekehrt »zur rechten Zeit am rechten Ort«, weisen diese Wendungen auf einen bestimmt umgrenzten Ort innerhalb eines umgebenden Raumes hin.

[9] Vgl. z. B. in dem viele japanische Orte aufzeigenden Buch *Das Reich der Zeichen* von Roland Barthes in dem Kapitel *Der Bahnhof:* »So sammelt sich jedes Stadtviertel im Loch seines Bahnhofs, dem leeren Punkt, an dem seine Aktivitäten und seine Freuden zusammenfließen.« (57)

Wohnort. Im Gegensatz zu den umgreifenden Räumen – der Begriff des »Allgemeinen« kommt ursprünglich vom »Umgreifenden«, vom *kat'echon* her –, im Gegensatz also zu den umgreifenden *Räumen*, die bis ins Unendliche des Weltraums gehen, kommt die Reihe der umfassenden *Orte* ziemlich schnell an ein Ende;[10] was wir »Ort« nennen, ist immer ein Umgrenztes, zumeist auch Sichtbares. Jeder Ort, sei er naher oder ferner, verwandter oder fremder Ort, ist jedenfalls als dieser bestimmte unterschieden von anderen und bezogen auf andere.

Das Aufeinanderbezogensein ist vermutlich unabhängig davon, ob der Ort jeweils ein in sich mannigfaltiger ist oder ein einzelner, sozusagen punktueller isolierter Ort. Im ersteren Fall ist der Ort ein gefügter Zusammenhang,[11] ein Zusammenspiel von Momenten, wie etwa in den beiden angeführten Gedichten von Hölderlin, wo der Ort Wald und Weiden, wilde Hecken und Weinstock umfaßt. Auch dort, wo er als Singular angesprochen ist – »Aber schön ist der Ort« –, sind der Neckar, die weiß blühenden Bäume und sogar die Wölkchen mitgemeint. Der literarische topos des *locus amoenus* meint nie eine sprudelnde Quelle oder einen Schatten spendenden Baum allein, sondern immer ein Ensemble von idyllischen Natur»orten«.

Hölderlin kann allerdings auch den Ort als diesen einzelnen, besonderen intendieren, etwa wenn er von den »Nahmen der seltnen Orte« spricht *(Diotima-Ode)* oder wenn er

---

[10] Bei Aristoteles ist das Umfaßtsein jeden Ortes in seinem ihn einbegreifenden Ort ein Kernstück seiner Ort-Lehre. Sie führt zu einem letzten Umfassenden, dem Himmel oder dem All, das seinerseits der Ort aller Orte, selbst aber an keinem Ort ist.

[11] Vgl. »Ein Ort ist für Norberg-Schulz immer eine ›Totalität aus konkreten Dingen mit materieller Substanz, Form, Oberfläche und Farbe‹«. (Eduard Führ, Einleitung: *Zur Rezeption von ›Bauen Wohnen Denken‹ in der Architektur)*

sagt:»Schwer verläßt / Was nahe dem Ursprung wohnt, den Ort« *(Die Wanderung)* oder wenn er Hyperion schreiben läßt:»ich wäre sogar lieber mit meinem Leben in den stillen Orten im Innern der Inseln, den heiligen Klöstern, oder mit Menschen, in Kirchen«. *(Hyperion-Fragmente)* Hier sind die Orte jeweils einzelne Stätten oder Plätze, oft stille und einsame oder heilige.[12] Und noch eine letzte Bemerkung will ich zu den Orten machen: Es ist bedenkenswert, wie viele Negativformen es zum Ort gibt: die Unorte und die Nichtorte, die Utopie und die Atopie, die Dystopie, die Heterotopie, aber etwa auch die Ortsfremdheit und die Ortlosigkeit. Ein *Unort* kann z. B. aufgrund einer mangelhaften baulichen Situation entstehen, aufgrund fehlender oder schlechter Infrastruktur, aber auch soziale Aspekte können einen Unort bedingen. In Köln wurde unter Beteiligung der Kunsthochschule für Medien ein *Unortkataster* erstellt,»um Mängel im Stadtbild ortsbezogen zu markieren, zu beschreiben und zu bewerten« und damit der allgemeinen Diskussion zu öffnen.[13] Die Negation des Ortes im *Utopischen* bezog sich bei Thomas Morus auf ein *Nicht-hier*, heute ist die *Utopie* – wenn nicht überhaupt in der Irrealität – gewöhnlich im *Nicht-jetzt*, also in der Zukunft, nur selten in der Vergangenheit situiert. Die *Dystopie* (Anti-Utopie) ist der Entwurf des Gegenteils einer utopischen Gesellschaft oder eines utopischen Staates. *Heterotopisch* und *atopisch* sind vornehmlich medizinische Fachbegriffe, die aber auch eine philosophische Bedeutung aufweisen. *Heterotopie*, von Foucault in die philosophische Sprache eingeführt,[14] bezeichnet einen»anderen Raum«, einen Ort mit mehrfältigen

---

[12] Mit »stillen Orten« bezeichnet Hölderlin zuweilen auch die Friedhöfe. Vgl.: »Du stiller Ort, der grünt im jungen Grase« *(Der Kirchhof)*.
[13] http://unortkataster.de.
[14] Michel Foucault, *Andere Räume*, 39 ff.

gesellschaftlichen und kulturellen Zuschreibungen. Als *ato-pisch*[15] wird philosophisch das bezeichnet, was nicht an seinem Ort ist bzw. keinem Ort zugeordnet werden kann, somit auch unbegreifbar und unsagbar ist, besondere menschliche (ethische) Verhaltens- oder Erlebnisweisen. In all diesen Negationen von »Ort« finden wir zugleich einen Hinweis auf dessen Bedeutsamkeit. Die Rede von »Nicht-Orten« z. B. impliziert nicht nur als deren »normalen« Gegensatz die einzelnen »anthropologischen Orte«, sondern benennt im Grunde trotz des Aufweises der *Weltlosigkeit* von Orten wie »den Bahnlinien und den Autobahnen, ..., den großen Hotelketten, den Freizeitparks, den Einkaufszentren« mit diesen Nicht-Orten doch wiederum Orte, dann nämlich, wenn das Hingehören und das Zusammengehören nicht aus dem Blick geraten. Augé, der Theoretiker der Nicht-Orte, betont selbst, »daß es in der Realität weder Orte noch Nicht-Orte im absoluten Wortsinn gibt«.[16]

*

Zusammenfassend lassen sich im Blick auf ein Gedicht von Arno Holz einige der erörterten Momente des Ortes nennen: die Zeitlichkeit der Orte, ihre sich aus einzelnen »möglichen« Orten zusammenfügende Bestimmtheit, die den Dingen ihre Je-weiligkeit im Ganzen ihrer Welt einräumt, die relative Einheitlichkeit des Ortes und seine Fokussierung durch ein zusammenschauendes Auge sowie sein Gehaltensein in einem umfassenden unsichtbaren Raum, – der hier in einem sich durchhaltenden Laut hörbar wird:

---

[15] Vgl. z. B. Bernhard Waldenfels, *Ortsverschiebungen, Zeitverschiebungen. Modi leibhaftiger Erfahrungen*, 9. Coda: Topos, Utopie, Heterotopien, 119 ff.
[16] *Nicht-Orte*, 124.

Im Thiergarten, auf einer Bank, sitz ich und rauche;
und freue mich über die schöne Vormittagssonne.

Vor mir, glitzernd, der Kanal:
den Himmel spiegelnd, beide Ufer leise schaukelnd.

Über die Brücke, langsam Schritt, reitet ein Leutnant.

Unter ihm,
zwischen den dunklen, schwimmenden Kastanienkronen,
pfropfenzieherartig ins Wasser gedreht,
– den Kragen siegellackrot –
sein Spiegelbild.

Ein Kukuk
ruft.

Das Gedicht malt einen Ort: eine Bank am Kanal im Berliner
Tiergarten. Er fügt sich zusammen aus einer Reihe von einzelnem Sichtbarem, der Bank, dem Kanal mit den Kastanien-
bäumen an seinen Ufern, der Brücke, dem langsam darüber
reitenden Lieutenant, der Spiegelung im Wasser. Daneben,
dahinter der Ruf des Kuckucks. Und schließlich das sitzende,
rauchende, schauende und das Ganze in *einen* Ort zusam-
mensehende Ich. Dieses Ich ist einerseits ein Bestandteil des
bunten Bildes und andererseits zugleich der Brennpunkt,
durch dessen Fokussierung der Ort entsteht. Seine Aufmerksamkeit hätte sich auch auf anderes richten können, z. B. auf
die Kastanienbäume als solche oder auf eine Gruppe von
Spaziergängern, die er damit zu einem eigenen Ort gemacht
hätte.

Das Gedicht durchzieht eine Reihe von einfachen Zeit-
Worten: sitze, rauche, freue mich, reitet, ruft. Dazwischen
findet sich eine erstaunliche Zahl von Partizipien: glitzernd,

spiegelnd, schaukelnd, schwimmend, gedreht, wobei die vier
Präsenzpartizipien alle eine eher schwebende, unbestimmte
Bewegung ausdrücken, womit sie sich in einen Gegensatz
stellen zu den kurzen, eher lakonischen Verben im Indikativ.
Zusammen verleihen sie dem geschilderten Ort eine eigentümliche Zeitlichkeit: eine Bewegtheit zwischen Moment
und Verlauf zugleich.

Die Einheitlichkeit dieses hier aufgezeichneten Ortes
verdankt sich dem Blick des Aufzeichnenden, den sie zugleich
aber auch unterläuft oder übergreift. Die Atmosphäre der
statisch-dynamischen Spiegelungsgeschichte stellt für sich
einen unsichtbaren umgreifenden Raum dar, eine sich in sich
zusammenfügende Welt. Wie gesagt, sie ist als solcher umfassender Raum unsichtbar, – aber sie ist zugleich doch auch
offengelegt durch eine Wahrnehmung: sie wird hörbar in den
Rufen des Kuckucks. Die Kuckucksrufe begegnen zuweilen in
japanischen Haiku: Z. B. »Kuckucksrufe, / weithin, / über den
See herüber«. (Bashô) Oder »Kuckucksrufe. / Das Fenster
feucht / vom morgendlichen Nebel –«. (Shiki) In ihrer un-
aufdringlichen steten Wiederkehr haben sie etwas Raum-
erfüllendes, bringen eine unbestimmte Weite in die Nähe.
»Ein Kukuk ruft.« Mir scheint, daß dieser lautliche Hintergrund die Geschlossenheit des Tiergartenortes trägt, – ihn eigentlich erst zu einem spezifischen Ort macht.

Orte als Augenblicke des Raumes

Orte – Augenblicke des Raumes. Diese Wendung legt sowohl eine Analogie nahe zwischen dem Bezug der *Orte zum Raum* auf der einen und dem der *Augenblicke zur Zeit* auf der anderen Seite, wie sie darüber hinaus auf einen gewissen Augenblickscharakter der Orte hindeutet. Um dies zu erläutern, schaue ich zunächst auf den Augenblick als solchen. Sowohl in der Alltagssprache wie in weisen Sprüchen wird der *Augenblick* häufig entweder in seinem Gegensatz zum Ewigen oder aber als der Moment zwischen Vergangenem und Zukünftigem verstanden. Keine dieser beiden Bedeutungen ist gemeint, wenn ich den Ort als Augenblick des Raumes anspreche. In der Abgrenzung gegen diese Ansätze kann das Gemeinte jedoch näher verdeutlicht werden.

Ewigkeit ist entweder *Zeitlosigkeit* überhaupt, Außer-der-Zeit-sein, oder eine *endlose Zeit*, mit oder ohne Anfang, aber jedenfalls ohne Ende. Sie besteht virtuell aus einer Unendlichkeit von Augenblicken, die sich aber zeitlich nicht voneinander unterscheiden, weil es in der Ewigkeit keine Zeit gibt. Jeder einzelne Augenblick stellt einen absoluten Gegensatz zum Ewigen dar, er ist das Vergängliche schlechthin, ist wie ein Hauch, der schon vergangen ist.

Der im Bezug zum Ort intendierte Augenblick stellt sich dagegen in keinen konstitutiven Gegensatz zum Ewigen, er bestimmt sich nicht primär durch seine Flüchtigkeit, sein Versinken im Meer der Ewigkeit. Vielmehr erfüllt er sich darin, einzig er selbst, dieser, hiesiger, jetziger Augenblick zu sein. Wenn Søren Kierkegaard schreibt:»Der Augenblick ist jenes Zweideutige, darin Zeit und Ewigkeit einander berühren«,[1] so wäre das in unserem Zusammenhang so zu verstehen, daß der Augenblick an der Grenze sowohl zur Zeit wie zu deren Gegensatz, der Ewigkeit, steht, daß er an beiden und damit zugleich an keinem von ihnen teilhat.[2] Wichtiger für mein Verständnis des Augenblicks – und damit des Ortes als Augenblick des Raumes – ist die Abgrenzung gegenüber dem Augenblick als dem punktuellen Moment zwischen Früher und Später. Der gegenwärtige Zeitpunkt zwischen Vergangenheit und Zukunft steht in der Paradoxie, sowohl seiend wie nichtseiend zu sein. Hegel entwickelt aus dieser Paradoxie in dem ersten Erfahrungsschritt der *Phänomenologie des Geistes* (85) die Dialektik des Jetzt (und des Hier und Dieses): »Es wird das *Jetzt* gezeigt, *dieses Jetzt. Jetzt;* es hat schon aufgehört zu sein, indem es gezeigt wird; das *Jetzt,* das ist, ist ein anderes als das gezeigte, und wir sehen, daß das Jetzt eben dieses ist: indem es ist, schon nicht mehr zu sein.« Der gegenwärtige Augenblick als solcher ist insofern nichtig; er ist weder anwesend noch abwesend.

Gleichwohl wird er in unzähligen Sprüchen und Reflexionen als das herausgestellt, was als das Eigentliche und Wesentliche im Leben vor allem anderen zu ergreifen und zu

---

[1] *Der Begriff Angst,* 90.

[2] Der Abgrund dieser Zweideutigkeit wird überspielt, wenn in der Erfahrung des Augenblicks die Ewigkeit selbst ergriffen werden soll, wenn der einzelne Augenblick Abglanz und Statthalter der Ewigkeit sein soll. Wie etwa in Goethes Ermahnung: »halten Sie immer an der Gegenwart fest. Jeder Zustand, ja jeder Augenblick ist von unendlichem Wert, denn er ist der Repräsentant einer ganzen Ewigkeit.« (*Gespräche mit Eckermann,* Montag, den 3. November 1823). Vgl. auch, ebenfalls von Goethe (letzte Strophe des Gedichts *Vermächtnis*):
> Genieße mäßig Füll und Segen;
> Vernunft sei überall zugegen,
> Wo Leben sich des Lebens freut.
> Dann ist Vergangenheit beständig,
> Das Künftige voraus lebendig.

behalten sei.[3] Dabei ist es dann nicht der gegenwärtige Augenblick, sondern gerade das, was ihm voraufgeht und ihm folgt, was als nichtig angesehen wird. »Dein Vergangenes ist ein Traum und dein Künftiges ist ein Wind. Hasche den Augenblick, der ist zwischen den beiden, die nicht sind.« Das ist ein bezeichnenderweise einem Morgenländer in den Mund gelegter Vers von Friedrich Rückert.[4] Vergangenes und Künftiges sind nicht, nur das Jetzt zählt. Hyperion schreibt an Bellarmin: »Laß uns vergessen, dass es eine Zeit gibt und zähle die Lebenstage nicht! / Was sind Jahrhunderte gegen den Augenblick, wo zwei Wesen so sich ahnen und nahn?«[5]

Doch gleichgültig, ob die Bedeutung des Augenblicks als zwischen Vergangenem und Künftigem verschwindender Moment gesehen wird oder als das, was eigentlich zu ergreifen und auszukosten sei, jeweils ist er in diesem Verständnis als jeweilige Gegenwart ein wesentliches Moment im Fluß der Zeit. Heutzutage und in der westlichen Kultur überhaupt wird die Zeit als ein stetes Fließen von der Vergangenheit hin in die Zukunft begriffen. Dieses Verständnis findet in der Moderne einerseits einen realen Niederschlag in dem »abstrakten« und immergleichen Maß der *Uhr* und bestimmt andererseits maßgeblich das neuzeitlich-wissenschaftliche Wissen von der Zeit. Seinem Ansatz zufolge ist die Zeit

---

[3] Eine der wenigen Betonungen des Gegenteils finden wir in Nietzsches *Zarathustra:* »Wenn ihr mehr an das Leben glaubtet, würdet ihr weniger euch dem Augenblicke hinwerfen.« *(Von den Predigern des Todes)* Vielleicht gehört aber auch der folgende Ausspruch hierher: »Jeder Augenblick des Lebens ist an sich so seltsam, dass er überhaupt nicht zu ertragen wäre, wenn wir imstande wären, diese Seltsamkeit in der Gegenwart ebenso deutlich zu empfinden, wie sie uns in der Erinnerung und in der Erwartung meistens zu erscheinen pflegt.« (Arthur Schnitzler, *Buch der Sprüche und Bedenken. Aphorismen und Fragmente)*

[4] *Erbauliches und Beschauliches aus dem Morgenland*, Nr. 21, Der Augenblick.

[5] Hölderlin, *Hyperion*, 1. Band, 2. Buch, 53.

quantitativ meßbar und der Maßstab für jedes Entstehen und jede Veränderung. Doch entspricht diese Konzeption keineswegs jeder möglichen und wirklichen Erfahrung der Zeit. Zu anderen Zeiten und in anderen Kulturen ist der primäre Umgang mit ihr ein anderer. Andere Verständnisse – oder vielleicht besser: andere »Seiten« – der Zeit prägen das Verhältnis zu ihr. Insbesondere sind es zwei Formen oder Erscheinungsweisen der Zeit, die sich nicht unter das genannte gängige Zeitverständnis subsumieren lassen und die auch in unserer Gegenwart zunehmend wieder ins kritische Bewußtsein gelangen, nämlich die *Weile* und eben der *Augenblick*.[6] Was den hier thematisierten Augenblick als nicht mehr nur zwischen Früherem und Späterem eingeklemmtes Jetzt anbelangt, so ist mit ihm einerseits der rechte und richtige, passende Augenblick gemeint, der *kairos*, etwa der günstige Zeitpunkt für eine Entscheidung, oder auch die günstige Gelegenheit, etwas zu tun oder zu lassen. Bei den Griechen war Kairos ein Gott, von Lysipp mit einem nach vorn gekämmten Schopf abgebildet, an dem noch heute sprichwörtlich die Gelegenheit zu packen ist. Sein Hinterkopf war kahlgeschoren, um zu betonen, daß der günstige Moment, wenn er vorbeigegangen ist, nicht mehr ergriffen werden kann.

Zum anderen ist der Augenblick ein kurzer Zeitabschnitt, der Moment, der Nu, der in sich bestimmt und erfüllt ist. Er paßt nicht in das Konzept der Zeit als Fluß von der Vergangenheit über die Gegenwart in die Zukunft, also als Abfolge und als Maß der Veränderung, er widerspricht ihm sogar ausdrücklich. Dieser Augenblick ist *gegenwärtig*. Seine Gegenwart ist jedoch nicht die zwischen den beiden anderen Zeitdimensionen befindliche, immer schon flüchtige, ins

---

6 Wobei die Weile wie ein Augenblick, der Augenblick umgekehrt als eine Weile empfunden werden kann.

Kommen und Vergehen eingespannte Gegenwart. Sie ist vielmehr so etwas wie *ein je-weiliges Dasein*, bei dem es weder auf den Anfang noch auf das Ende ankommt, vielmehr auf – eben den *Augenblick als solchen*, als weilenden, uns angehenden.

Als eine Grundaussage des Zen-Buddhismus gilt, daß es darum geht, im Augenblick zu leben, den Augenblick zu leben. Der bedeutende Zen-Meister Dôgen schrieb: »Alles ist euer Leben. Tag und Nacht, was immer euch begegnet, ist euer Leben; daher sollt ihr euer Leben der Situation anpassen, die euch im Augenblick begegnet.« Es ist das Leben selbst, das alltägliche Leben, das im Augenblick und nur im Augenblick erfahrbar und ergreifbar wird. Dôgen schrieb auch: »Unser Leben, womit läßt es sich vergleichen? Mit dem Tautropfen, vom Schnabel eines Wasservogels abgeschüttelt, in dem sich nun das Mondlicht spiegelt.« Läßt sich etwas Augenblicklicheres denken? Auch viele Haiku bringen, ohne ihn als einen solchen zu bezeichnen, einen Augenblick von Welt und Dingen zur Sprache. Ich zitiere zwei Gedichte des Meisters Ryôkan: »Vom Dieb zurückgelassen – / Der Mond / Im Fenster.« »Sie rufen mich an, / Da sie heimkehren: / Wildgänse in der Nacht.«

Insofern er der Zeit im gewöhnlichen Verständnis enthoben ist, läßt sich der je-weilig gegenwärtige Augenblick auch als ein zeitloses oder unzeitliches Verweilen fassen. »Wenn man unter Ewigkeit nicht unendliche Zeitdauer, sondern Unzeitlichkeit versteht«, schrieb Wittgenstein, »dann lebt der ewig, der in der Gegenwart lebt.«[7] Der gelebte Augenblick, wir können auch sagen: das je-weilige Weilen und Verweilen im Augenblick, erfüllt sich in einer unzeitlichen Gegenwart.

---

[7] *Tractatus logico-philosophicus* 6.4311.

»Zum Augenblicke dürft ich sagen: / Verweile doch, du bist so schön! / Es kann die Spur von meinen Erdentagen / Nicht in Äonen untergehn.« Faust kann so zum Augenblick sprechen, weil es in dem, was er zu diesem Zeitpunkt erreicht hat, nicht mehr auf das Weiterkommen und Weiterstreben ankommt, auch nicht auf das Hintersichlassen oder umgekehrt das Zurückerinnern, sondern allein auf die Fülle des anwesenden Lebens selbst, das, was Aristoteles die *en-ergeia* genannt hat, das Im-Werk- bzw. *In-der-Wirklichkeit-sein*. Der erfahrene Augenblick ist im Ganzen der Zeit wie ein Brennpunkt, in dem sich alle möglichen Zeit-Punkte versammeln. Der Bezug zum Ort ist da zum Greifen nahe. In einem einzelnen Ort sammeln sich – gewissermaßen stellvertretend – andere mögliche Orte des Raumes, dieser selbst fügt sich und faltet sich zusammen in den einen Ort, der zugleich eine Perspektive, eine spezifische Ansicht des umgebenden Ganzen darbietet. In der Brücke, über die im Tiergarten-Gedicht von Holz der Lieutenant mit dem siegellackroten Uniformkragen reitet, ist der ganze besonnte Tierparksvormittag versammelt, so wie die erregenden Spiegelungen des fernen Himmels und der nahen Kastanienkronen.[8]

Wie im Augenblick das gewöhnliche Nacheinander der Zeitpunkte aufgehoben ist, so im Ort das gewöhnliche Nebeneinander der Raumpunkte. Heidegger spricht da von einem wechselseitigen Sammeln und Versammeln: der Raum sammelt sich im Ort, und der Ort versammelt den Raum – um sich und in sich. Ähnlich können wir sagen, daß die Zeit sich im jeweiligen Augenblick sammelt und daß dieser seinerseits die Zeit als solche in sich versammelt und aufscheinen läßt. Sind wir bewußt an einem bestimmten Ort, so sind wir mit ihm sowohl in den umfangenden Raum wie in die gelebte Zeit eingelassen.

---

[8] Vgl. oben S. 69.

Beide, der Augenblick wie der Ort, sind nur scheinbar meßbar und fixierbar, nur scheinbar verrechenbar in quantitativ bestimmten Maßen. Der per GPS ermittelte »Ort« muß als wahrhaft zu erlebender *Ort* im eigentlichen Sinne je erst noch gefunden und sozusagen zum Scheinen gebracht werden. Wenn Franz Marc sagt, Bilder seien das »Auftauchen an einem anderen Ort«, dann meint er nicht einen anderen Punkt in einem wie immer gearteten Koordinatensystem, sondern einen augenblickshaft aufscheinenden Ort in einem neu und anders zu erfahrenden Bewandtniszusammenhang, in einer veränderten, vielleicht geheimnisvollen Welt. Das Geschehen eines Augenblicks kann, indem es einen neuen Ort entstehen läßt, mit einem Schlag den ganzen umgebenden Raum – wie den Geschehenlassenden selbst – verändern. In Benns *Der Ptolemäer* lesen wir: »Blase die Welt als Glas, als Hauch aus einem Pfeifenrohr: der Schlag, mit dem du alles löst: die Vasen, die Urnen, die Lekythen – dieser Schlag ist deiner und er entscheidet.«[9]

Ein Haiku von Santôka lautet:»Namenloses Kraut / erblüht ganz plötzlich – / purpurn.« Ein Kraut, ein sogenanntes Unkraut vermutlich, wächst unbeachtet unter anderen Kräutern am Wegesrand. Weder die Zeit seines Wachsens oder Vergehens hat etwas Auffälliges an sich, noch der Ort, an dem es sich befindet: in gewissem Sinne ist es zeit-los und ort-los, gleichsam zurückgehalten in einem unspezifischen Vorhandensein. Doch dann: ein plötzliches Purpurrot am Weg. Das namenlos Unbedeutende wird mit einem Mal sichtbar, es schafft einen Akzent, läßt aufmerken. Plötzlich ist da ein Augenblick, der Augenblick eines Erblühens. Und zugleich damit das Erscheinen oder Auftauchen eines unerwarteten Ortes. Aus der Unbestimmtheit scheint ein farbi-

---

[9] Vgl. Rilke, *Sonette an Orpheus*, II. Teil, XII:»sei ein klingendes Glas, das sich im Klang schon zerschlug.«

ges Etwas auf, ein sich in sich erfüllendes Geschehnis, – ein purpurnes Erblühen. Indem der Ort als Ort erfahrbar und gelebt wird, erhält er eine gewisse Plötzlichkeit, wird zu einem augenblickshaften Auftauchen im Raum. Der Ort selbst hat einen Augenblicks-, damit einen eigenen Zeitcharakter. Zeitliches und Räumliches lassen sich nicht mehr streng scheiden, sie spielen ineinander.

*

Nur andeutungsweise füge ich noch eine Erweiterung der vorstehenden Überlegungen an. Wenn ich früher sagte, daß in der Erfahrung des Augenblicks *und der Weile* eine grundsätzlich andere Erfahrung der Zeit liegt als die quantifizierende, metrische, »absolute«, so weise ich zum Schluß darauf hin, daß nicht nur der *Augenblick*, sondern auch die *Weile* ihre Entsprechung in räumlichen Bezügen hat. Ich sehe diese letztere Entsprechung in der *Gegend*, die so etwas wie eine Vermittlung von Ort und Raum ist. Die Gegend umfaßt die Beziehungen, die sich zwischen einzelnen Orten entfalten, und hält diese letzteren zugleich in dem offenen Zueinander ihrer welthaften Zusammengehörigkeit. In den Gegenden erfahren wir die Nähe und die Ferne der Orte, die Enge und die Weite ihrer Bezüge, – je-weilige Weisen oder Bestimmungen des Weilens in ihnen. Können wir also sagen, daß die Gegenden als unterschiedliche Weilen des Raumes gesehen werden können wie die Orte als seine unterschiedlichen Augenblikke? Bedenken wir, daß das Weilen in einer Weile jeweils ein Aufenthaltnehmen und ein Verweilen ist, so wäre diese Frage wohl zu bejahen.

»Zeit eilt hin zum Ort«

Unter den Alpen zu singen

Heilige Unschuld, du der Menschen und der
Götter liebste vertrauteste! du magst im
Hause oder draußen ihnen zu Füßen
Sitzen, den Alten,
Immerzufriedner Weisheit voll; denn manches
Gute kennet der Mann, doch staunet er, dem
Wild gleich, oft zum Himmel, aber wie rein ist
Reine, dir alles!
Siehe! das rauhe Tier des Feldes, gerne
Dient und trauet es dir, der stumme Wald spricht
Wie vor alters, seine Sprüche zu dir, es
Lehren die Berge
Heil'ge Gesetze dich, und was noch jetzt uns
Vielerfahrenen offenbar der große
Vater werden heißt, du darfst es allein uns
Helle verkünden.
So mit den Himmlischen allein zu sein, und
Geht vorüber das Licht, und Strom und Wind, und
Zeit eilt hin zum Ort, vor ihnen ein stetes
Auge zu haben,
Seliger weiß und wünsch' ich nichts, so lange
Nicht auch mich, wie die Weide, fort die Flut nimmt,
Daß wohl aufgehoben, schlafend dahin ich
Muß in den Wogen;
Aber es bleibt daheim gern, wer in treuem
Busen Göttliches hält, und frei will ich, so

Lang ich darf, euch all, ihr Sprachen des Himmels!
Deuten und singen.

»Zeit ist auch Raum.« (Helen Augur[1])»Zum Raum wird hier
die Zeit.« (Wagner[2]) »Die Zeit wird zum Raum.« (Heidegger[3]) »Zeit eilt hin zum Ort« (Hölderlin). Vier aus verschiedenen Denkzusammenhängen stammende Aussagen, die jeweils eine enge Zusammengehörigkeit, wenn nicht Identität von Zeit und Raum aussprechen. Ich will einige erläuternde Bemerkungen zu der genannten Äußerung von Hölderlin in der Ode »Unter den Alpen zu singen« machen, obwohl sie in ihrem eigenen Kontext eine eher beiläufige, jedenfalls keine eigens reflektierte Bedeutung hat.

»So mit den Himmlischen allein zu sein, vor ihnen ein stetes Auge zu haben, seliger weiß und wünsch' ich nichts«.
»Frei will ich euch all, ihr Sprachen des Himmels! deuten und singen.« Dies ist es, was der Dichter im Angesicht der vor ihm aufragenden Alpen über sich, über sein Wissen und Wünschen und Wollen zu sagen hat. (Vielleicht, wenn wir den imperativischen Ton des Titels ernst nehmen, zu sagen gehießen oder aufgefordert ist.) Das reine Anschauen und Besingen der Himmlischen und die Weise, wie diese sich selbst ungezwungen aussprechen und zusprechen, sind für Hölderlin eins, – dann nämlich, wenn sie ihr Maß an der *heiligen Unschuld* nehmen. Sie wird mit den ersten Worten der Ode angerufen, und sie ist das Thema des ganzen Gedichts, das sich im wesentlichen auf die Situation des Dichters als solchen bezieht. Die Unschuld hat für Hölderlin eine mehrfältige Bedeutung: vom ursprünglichen Zustand kindlicher Unschuld bis hin zur Wiedererringung der Unschuld durch

---

[1] Siehe S. 91.
[2] Siehe S. 87.
[3] Siehe S. 97.

die Überwindung von Differenz und Zersplitterung. Hier, in dieser Ode, ist sie weder etwas Vergangenes noch etwas Zukünftiges. Mit ihr beschwört der Dichter einen Zustand des »Reinen«, des »treuesten Sinnes«, des »Immerzufrieden«seins und der Ruhe. Indem er sie anruft, versetzt er sich selbst in die Gegenwart dieser Unschuld, widersteht er mit Entschiedenheit der Selbstüberschätzung und der Heimatlosigkeit, der ins Unbegrenzte und zur Gottgleichheit gehenden Sehnsucht.

Die heilige Unschuld ist das Medium der Beziehung zwischen dem Dichter und der Landschaft oder, weiter gesagt, der Natur. Das Singen und Deuten, in die das Gedicht ausklingt, sind Antworten auf bzw. Entsprechungen zu dem, was sie, die Unschuld, gemäß den ersten fünf Strophen unverstellt und hell verkündet. Sie vermag Vermittlungscharakter zu haben, weil sie die »Sprachen des Himmels« rein widerspiegelt und sie so für das Hören des Dichters öffnet. So läßt die Unschuld die weisen Stimmen der Alten ebenso vernehmen wie das ihr von den wilden Tieren Anvertraute, das, was sie dem stummen Wald abgelauscht hat, wie die heiligen Gesetze der Berge und die Offenbarungen des großen Vaters.

Das unter den Alpen zu singende Gedicht drückt in dem, was dem Dichter unschuldig und hell zugesprochen wird, wie in dem, was er als so Angesprochener sieht und ist und dann selbst singt und deutet, das Unschuldig- und Freisein als solches aus. Weder läßt es sich auf die Klage über die Götternacht und die hoffnungslosen gegenwärtigen Zustände der Zerrissenheit ein noch malt es in strahlender Voraus-sicht eine neue geschichtliche Phase der Einheit aus, – Themen der Hölderlinschen Dichtung vor und nach der Zeit dieses Gedichts. Vielmehr: »Seliger« – nämlich als in unschuldigem Gegenwärtigsein im ruhigen Angesicht der Himmlischen zu verweilen – »weiß und wünsch' ich nichts«.

Hier kommen wir jetzt zu der Bemerkung über Zeit und Raum bzw. Ort[4], um die es mir in diesem Text zu tun ist.[5] Sie ist eingebettet in den alles Vorige aufnehmenden und ihm aus der Sicht des Dichters antwortenden Satz:»So mit den Himmlischen allein zu sein, und vor ihnen ein stetes Auge zu haben, seliger weiß und wünsch' ich nichts«. Das Verweilen vor den Himmlischen bedeutet,»ein stetes Auge zu haben«. In der Stetigkeit seines Blicks sammelt sich die einheitliche, die Situation des Augenblicks der Seligkeit ausmachende Bewegtheit der Welt. Die Schilderung dieser Situation scheint zunächst in einer Reduktion auf wenige Naturerscheinungen zu erfolgen:»und geht vorüber das Licht, und Strom und Wind, und Zeit eilt hin zum Ort«. Doch die scheinbare Reduktion ist als umfassender Einbezug der Natur in ihrer Gesamtheit angelegt: *Licht, Strom* und *Wind*, die vor den Augen vorüberziehen, können wir als Repräsentanten der Elemente Feuer, Wasser und Luft nehmen.

Das vierte Element, die *Erde*, begegnet – nämlich in ihrer Erscheinung als Alpengebirge, das in der ersten Hälfte des Gedichts vergegenwärtigt wurde – in der Wendung »Zeit eilt hin zum Ort«. Zugleich impliziert diese Formulierung ein weiteres, spannendes Moment: in ihr kommt auch die den vier Elementen der *Natur* entsprechende zweite Dimension der Welt, nämlich die Natur- und vor allem *Menschengeschichte*, zur Sprache. Um zu sehen, was das heißt, sollten wir auf zwei Ausschnitte aus Briefen von Hölderlin aus der Zeit der Abfassung des Gedichts schauen, die von verschie-

---

[4] Schon in meinem Aufsatz über den *Hyperion* (›Ich liebe diß Griechenland überall. Es trägt die Farbe meines Herzens‹. Einige Bemerkungen zu Himmel und Natur im ›Hyperion‹) war mir aufgefallen, daß Hölderlin in seinem Roman selten vom »Raum« als solchem spricht. (116)

[5] »Zeit eilt hin zum Ort«, – könnte dies nicht, mit aller Vorsicht gesagt, auch als Motto über Heideggers Weg von *Sein und Zeit* hin zu *Zeit und Sein*, d.h. vom frühen zum späten Heidegger stehen?

denen Kommentatoren zur Interpretation herangezogen
werden. Hölderlin lebte 1801 für drei Monate als Hauslehrer in
Hauptwil in der Schweiz. In dieser Zeit wurde er von zwei
Eindrücken in herausragender Weise »betroffen«, von dem
unsere Ode inspirierenden Anblick der Alpen *und* von dem
am 23. Februar geschlossenen »Frieden von Lunéville«. Es
geht also einerseits um einen besonderen *Ort* und andererseits um ein besonderes Ereignis der *Zeit*. Beide Erfahrungen
finden ihren Niederschlag in Briefen. Zur ersteren lesen wir
in einem Brief an Christian Landauer vom Februar 1801:
»Vor den Alpen, die in der Entfernung von einigen Stunden
hieherum sind, stehe ich immer noch betroffen, ich habe
wirklich einen solchen Eindruck nie erfahren, sie sind, wie
eine wunderbare Sage aus der Heldenjugend unserer Mutter
Erde, und mahnen an das alte bildende Chaos, indes sie niedersehn in ihrer Ruhe«.

Der Anblick der Alpen gibt Hölderlin einen unerhörten
neuen Eindruck von der Natur bzw. der Erde. Zugleich zeigt
sich in einer ersten Andeutung, wie Menschenzeit und Na-
turraum zusammenfinden: Hölderlin hört in dem, was ihm
da räumlich vor Augen liegt, eine Sage aus erdgeschichtlicher
Frühzeit. »Indes sie niedersehn in ihrer Ruhe«. In dieser Ruhe ist das ursprüngliche Chaos, aus dem sich die heutige Gestalt der Erde gebildet hat, aufgehoben. Man mag sich an einige Zeilen von *An die Stille* erinnern, wo auch die – hier
nicht zum Ort oder zur Erde, sondern zur Stille – eilende,
genauer: stürzende Zeit im Zusammenhang mit dem Chaos
genannt wird: »Wie ins weite Meer die Ströme gleiten, /
Stürzen dir die Zeiten alle zu, / In dem Schoß der alten Ewigkeiten, / In des Chaos Tiefen wohntest du.«[6]

---

[6] Allerdings begegnet in diesem Gedicht auch ein ganz anderes Bild der Zeit:
»Schöner rauscht die träge Flut der Zeiten, / Rings umdüstert von der Sorgen

Den Friedensvertrag von Lunéville empfand Hölderlin als ein einschneidendes Ereignis. Am selben Tag, als er davon erfuhr, schrieb er an seine Schwester von seiner übergroßen Freude über diese Nachricht:»das helle Himmelsblau und die reine Sonne über den nahen Alpen waren meinen Augen in diesem Augenblick um so lieber, weil ich sonst nicht hätte gewußt, wohin ich sie richten sollte in meiner Freude. / Ich glaube, es wird nun recht gut werden in der Welt. Ich mag die nahe oder die längst vergangene Zeit betrachten, alles dünkt mir seltne Tage der schönen Menschlichkeit, die Tage sicherer, furchtloser Güte, und Gesinnungen herbeizuführen, die ebenso heiter als heilig und ebenso erhaben als einfach sind. / Dies und die große Natur in diesen Gegenden erhebt und befriedigt meine Seele wunderbar. Du würdest auch so betroffen, wie ich, vor diesen glänzenden ewigen Gebirgen stehn«.

In beiden Briefen[7] wird die enge Verbindung der Erfahrung der Alpen und der Erfahrung des Friedensschlusses deutlich. Zu letzterem schreibt Günter Mieth:»Die geschichtsphilosophische Ortung des Friedens von Lunéville gipfelt in der Überzeugung, daß die historische Zeit ihr Ende gefunden hat: ›... und Zeit eilt hin zum Ort‹«.[8] Allein mit den Himmlischen und im Angesicht des Wechsels von Licht und Strom und Wind, erfährt der von der heiligen Unschuld geleitete Dichter, wie sich in der geschauten Natur die vergangene Geschichte der Menschen sammelt und erfüllt in dem ewigen Gesetzen folgenden seligen Dasein des Gebirges.

Die Zeit ist für Hölderlin in *Unter den Alpen zu singen*

Schwarm; / Wie ein Traum verfliegen Ewigkeiten, / Schläft der Jüngling seiner Braut im Arm.«

[7] Die bis in die Wortwahl gehende Nähe beider Briefe, aus denen hier nur kurz referiert werden konnte, zu dem Gedicht *Unter den Alpen zu singen* braucht nicht eigens herausgestellt zu werden.

[8] *Friedrich Hölderlin: Dichter der bürgerlich-demokratischen Revolution*, 122.

in erster Linie die Geschichtszeit des Menschen, der Weg, den er durch die Geschichte gegangen ist und auf dem er sich in Zerrissenheit und Unfrieden sich selbst und der Gemeinschaft entfremdet hat. Diese Zeit aber eilt nun, da der gerade geschlossene Frieden zwischen Frankreich und Deutschland die Menschen zu einer freien Einheit bringen wird, zum Ort, das heißt, in die unmittelbare Gegenwart und Wirklichkeit der »glänzenden ewigen Gebirge«.[9] Es kommt zu einer Verbundenheit, die die Seele »wunderbar befriedigt«. Darum: »Seliger weiß und wünsch' ich nichts«.

Bemerkenswerterweise kommt im Folgenden des Gedichts – auf ganz andere Weise und unausdrücklich – noch einmal (sogar zweimal) die *Zeit* ins Spiel; zweimal heißt es: »so lange ...«. Das selige Alleinsein mit den Himmlischen dauert nicht unbegrenzt an, das »stete Auge« vermag am Ende gar nicht so stet zu sein: die Menschen sind sterblich. Allerdings wird diese Sterblichkeit aus dem selben Geist der Ruhe und Heiterkeit erfahren, wie er das ganze Gedicht durchstimmt: »so lange / Nicht auch mich, wie die Weide, fort die Flut nimmt, / Daß wohl aufgehoben, schlafend dahin ich / Muß in den Wogen.« In *Mein Eigentum* bittet der Dichter, »daß zu Frühe die Parze den Traum nicht ende«. Das dürfte aus einem ähnlichen Geist geschrieben sein.[10]

Irgendwann muß der Sterbliche »dahin«, sanft schlafend in den Wogen, mitgenommen und insofern »wohl aufgehoben«. Tröstlicher kann man das kaum ausdrücken. Auch

---

[9] Bei Heidegger lesen wir: »Der Ort, das Versammelnde, holt zu sich ein, verwahrt das Eingeholte, aber nicht wie eine abschließende Kapsel, sondern so, daß er das Versammelte durchscheint und durchleuchtet und dadurch erst in sein Wesen entläßt.« (*Die Sprache im Gedicht*, 37)

[10] Anders dagegen, fordernder erscheint mir die Einstellung zum Nahen des Todes in *An die Parzen*. Die »Stille der Schattenwelt« wird erst dann willkommen geheißen, wenn der »reife Gesang« »gelungen« ist. Anderenfalls findet der Dichter selbst im Tode keine Ruhe.

das Bild der Weiden scheint mir diese sanfte Bewegung wiederzugeben. Ich sehe die tief ins Wasser hängenden Zweige der am Ufer stehenden Weiden vor mir, die von der Strömung – zuweilen auch vom Wind – ein Stück weit mitgenommen werden. Das Wissen um das »so lange« bäumt sich nicht auf, es gehört in das reine und ruhige Verhältnis zu den Himmlischen. Es handelt sich zwar um ein »Muß«, aber es ist ein Muß, das das »Darf« eines Noch-verweilens zu gewähren vermag. Im Bewußtsein eines solchen Gewährtseins der eigenen Weile kann der Dichter in ruhiger Treue und Freude bleiben, daheim oder im steten Anblick der göttlichen Natur, um »in sichrer Einfalt« *(Mein Eigentum)* eben das zu tun, wozu er da ist: die vernommenen Stimmen des Himmels zu singen und zu deuten.

*

Bewußt über Hölderlin hinausgehend, aber, wie mir scheint, ihm nicht widersprechend, möchte ich die Wendung »und Zeit eilt hin zum Ort« auch noch in einem anderen Sinne verstehen und damit für die Grundintuition dieses Buches in Anspruch nehmen. Mit »Zeit« ist dann nicht die Geschichtszeit des Menschen gemeint, sondern der Fluß der Zeit, in dem wir mitgetragen werden oder der durch uns hindurchgeht, die davoneilende Zeit. Im ruhigen, von der Unschuld geleiteten Blick des Menschen auf die elementaren Naturerscheinungen und ihr Vorübergehen wird diese davoneilende zur hereilenden Zeit, her zu dem gegenwärtigen Ort, zum weilenden und verweilenden Dasein des Menschen in der Welt. Zeit wird zum Zeit-Raum, zur verweilenden Weile.

In Wagners *Parsifal* finden sich die verwandten Worte »Zum Raum wird hier die Zeit«:

Parsifal
Wer ist der Gral?

Gurnemanz
Das sagt sich nicht;
doch bist du selbst zu ihm erkoren,
bleibt dir die Kunde unverloren. –
Und sieh! – Mich dünkt,
daß ich dich recht erkannt:
kein Weg führt zu ihm
durch das Land,
und niemand könnte ihn beschreiten,
den er nicht selber möcht' geleiten.

Parsifal
Ich schreite kaum, –
doch wähn' ich mich schon weit.

Gurnemanz
Du siehst, mein Sohn,
zum Raum wird hier die Zeit.

Es ist bemerkenswert, wie häufig Kommentare und Reflexionen zu dem Bühnenweihfestspiel mit dem Zitat dieser letzten Zeile überschrieben werden bzw. Bezug auf es nehmen.[11] Es wird jedoch kaum je näher interpretiert, so als verstünde sich seine Bedeutung von selbst.

Staunend sagt Parsifal über den Weg, der ihn dem unsagbaren Gral näherbringen soll:»Ich schreite kaum, – doch wähn' ich mich schon weit.« Und Gurnemanz erwidert:»Du siehst, mein Sohn, zum Raum wird hier die Zeit.« Hier, das heißt, auf diesem besonderen Weg, der nur unter dem einholenden Geleit seines Zieles selbst gegangen werden kann,

---

[11] So beginnt ein Kommentar zu den jährlichen Berliner Festtagen in der »Berliner Zeitung« vom 25. Februar 2005: »Zum Raum wird hier die Zeit – kaum ein Satz aus dem Werk Richard Wagners lädt gleichermaßen zur Deutung ein wie diese geheimnisvollen Worte Gurnemanz' in ›Parsifal‹.«

ja der überhaupt erst vom Ende her entsteht: »kein Weg führt zu ihm / durch das Land, / und niemand könnte ihn beschreiten, / den er nicht selber möcht' geleiten.«[12] Einen Weg zu gehen, von einem gegebenen Ort zu einem anderen zu gelangen, braucht eine gewisse Zeit. Doch Parsifal braucht, zumindest seinem Empfinden nach – vielleicht können wir auch sagen: in seinem Zeit-Bewußtsein –, nur eine kurze Zeit weniger Schritte, und schon hat er einen weiten Weg zurückgelegt. Die Zeit schlägt gleichsam um in gegangenen Raum. Anders gesagt: Das »zeitliche« Denken der suchenden Annäherung an den Gral wird zur faktischen räumlichen Annäherung auf dem dem Gehenden selbst entgegenkommenden – die natürliche Zeitfolge also umkehrenden – Weg. Die durch das Verlangen nach dem Gral gestimmte Zeiterfahrung bestimmt den Raum, macht ihn zu einem weiten Raum. So wird sie selbst zum Raum.

Und nicht umgekehrt. In einer ebenfalls »Zum Raum wird hier die Zeit« überschriebenen Betrachtung heißt es, diesem Satz könne ebensogut auch seine Umkehrung an die Seite gestellt werden: »Wobei es ebenso heißen könnte: Zur Zeit wird hier der Raum, was inhaltlich vielleicht sogar dem noch näher kommen würde, worum es Wagner ging, aber dem Singen weniger zuträglich ist. Die Idee ist ja auch wie eine Gleichung, und jede Gleichung läßt sich bekanntlich umkehren. Beide Versionen des Gedankens beziehen sich auch auf dieselbe Grundidee: Zeit und Raum, Raum und Zeit, als zwei miteinander verwobene Seinsebenen, die auf einander einwirken, ja, die in letzter Konsequenz sogar als eines zu begreifen sind.«[13] Daß die Zeit zum Raum wird, heißt jedoch mehr als die hier vage angedeutete Zusammengehörig-

---

[12] Wir erinnern uns an den aristotelischen Ersten Beweger, der – als oberstes *telos* – durch die zu sich hinziehende Liebe bewegt.

[13] www.causa-nostra.com.

keit von Zeit und Raum.[14] Ich kenne keine Stelle in der Literatur, wo tatsächlich vom Raum gesagt würde, er werde zur Zeit oder sei letztlich identisch mit ihr.[15] In der Erfahrung scheint die Zeit das Vorrangige und Bestimmende zu sein. Und doch ist sie immer schon *eingeräumt*, mit ihrem Ablauf wie mit ihrem Weilen und Verweilen skandiert sie den Raum, in den sie hineingehört.

---

[14] Auf die Interpretation, daß mit diesem Satz zur Raumhaftigkeit der Zeit die Eigenheit der Musikkonzeption von Wagner selbst ausgesprochen sein könnte, will ich hier nicht eingehen. Vgl. hierzu: »Das oft aus dem Libretto benutzte Zitat »*Zum Raum wird hier die Zeit*« illustriert aber nicht Wagners quasi religiöses Anliegen, sondern seine Bestrebungen, in seinem eigenen Theater eine Einheit von Musik, Drama und Theater zu erschaffen, und zwar nicht durch bloße Addition, sondern durch Synthese der Künste. Das so entstehende *Gesamtkunstwerk* sollte die bestehenden Theaterverhältnisse revolutionieren. Sein Theater in Bayreuth wurde nach seinen eigenen Vorstellungen gebaut und führt den Orchesterklang durch eine spezielle Abdeckung weg vom Publikum hin zur Bühne: Das Publikum soll Musik und Darstellung synthetisiert erleben.« (Sonja Heyer, *Zum Raum wird hier die Zeit. Das John-Cage-Orgel-Kunst-Projekt Halberstadt*, 2)
[15] Was nicht heißt, daß nicht, etwa bei Heidegger, dem Raum wesentliche Zeit-Momente zukommen können, so daß von einem Ineinanderspielen von Raum und Zeit gesprochen werden kann.

»Die Zeit ist auch Raum«

Unser In-der-Zeit-sein ist jeweils von sehr unterschiedlicher Art. Die Zeit kann an uns vorbeirasen und uns in diesem Sog mitreißen. Sie kann uns, und so erfahren wir sie im Alltag zumeist, mit ihren Terminen und Fristen bedrängen und uns fast erdrücken, – uns den Atem nehmen. Sie begegnet uns zudem als etwas Gesetzmäßiges, als eine objektiv gegebene Ordnung, der wir uns nicht entziehen können. Zugleich sind wir aber auch – oft kaum merklich – in anderer Weise in der Zeit. Z. B. wenn wir darauf achten, daß und wie Sommer und Winter, Vollmond und Neumond, Wachsen und Vergehen in stetem Wechsel aufeinander folgen. Da mögen uns die Tage zwar unter den Händen zerrinnen, aber ihr ruhiges Gleichmaß ist zugleich doch unbezweifelbar. »Ein jegliches hat seine Zeit, und alles Vorhaben unter dem Himmel hat seine Stunde.«[1] Hier handelt es sich um ein Verständnis der Zeit, für das sie nicht primär – jedenfalls nicht allein – Fortriß, Vorbeifließen, lineares Nacheinander ist. Für das sie vielmehr verweilt, zuweilen an sich hält und säumt, ausgebreitet daliegt wie eine Landschaft. In ihr kann man sich aufhalten als in einem heimatlichen *Raum*.

Helen Augur beschreibt in ihrem Buch *Zapotec* das Zeitverständnis der Zapoteken, eines Teils der mexikanischen Urbevölkerung: »Für die Indianer ist die Zeit vertikal, und sie bewegt sich nicht ›irgendwohin‹. Sie bewegt sich nicht mehr

---

[1] *Das Alte Testament, Der Prediger Salomo*, 3,1. Vgl. zu diesem Zitat auch das Kapitel *Gegensätze im menschlichen Leben* in: Verf., *Im Raum der Gelassenheit: die Innigkeit der Gegensätze.*

fort als der weite Pazifik, der seine Wellen, Gezeiten, Strömungen hat, der aber innerhalb seines gegebenen Raumes bleibt. Die Zeit kann sich nicht fortbewegen, weil sie auch Raum ist ... Für den Zapoteken ist die Vergangenheit nichts hinter ihm, sondern sie ist um ihn herum, weil er in einem Ozean lebt, nicht in einem Strom.«[2] Seit Heraklit wurde die Zeit mithilfe des Bildes des Stromes und seines Fließens verdeutlicht. Im Lauf der Geschichte wurde dieses Fließen zunehmend als ein Verlauf durch drei Dimensionen hindurch gedacht. Heidegger kennzeichnet die »geläufige« abendländische »Vorstellung von ›der‹ Zeit« »als Ab-fließen des Nacheinander, als An- und Wegrollen jedes ›jetzt‹ aus dem ›noch nicht ‚jetzt'‹ in das ›nicht mehr ‚jetzt'‹«.[3] Der Mensch steht diesem Verfließen und Wegrollen einerseits hilflos gegenüber und wird andererseits zugleich ins Vergehen mitgerissen. Die Zukunft bleibt das immer erst zu Erreichende, die Vergangenheit liegt immer schon im Rücken. Die Gegenwart ist die zum unfaßbaren Jetzt zusammenschießende augenblickshafte Grenze zwischen beiden.

Diesem – linearen oder horizontalen – Bild des abfließenden Flusses kontrastiert die mexikanische Zeitauffassung mit ihrem Bild des Meeres, und zwar des Meeres als eines weit sich Ausbreitenden, allseitig Umgebenden. Gewöhnlich unterscheidet man Zeit als Dimension des *Nacheinander* vom Raum als der Dimension des *Nebeneinander*. Im Ozean der Zeit aber ist das nur scheinbare Nacheinander ein Neben-

---

[2] Helen Augur in *Zapotec,* Kapitel *Indianische Zeit,* 235 f. (Übersetzung von mir) Die Autorin setzt die mexikanische Sicht der europäischen entgegen: »Für uns Angelsachsen ist die Zeit horizontal und in Bewegung. Sie ist ein Strom, der sich aus der Vergangenheit durch die Gegenwart in die Zukunft bewegt‹, und das menschliche Spiel besteht darin, mit der Zeit so weit wie möglich in die Zukunft zu eilen.«
[3] *Was heißt Denken?,* 40.

und Miteinander; die Bewegung ist keine gerichtete, bzw. die
jeweiligen Richtungen bleiben im Bezug zueinander, ein ewiges Hin und Her. Denn daß die Zeit und ihre jeweilige Weile
sich nicht *fort*bewegt, heißt nicht, daß sie nicht in Bewegung
wäre, daß sie in unveränderlicher Ruhe verharren würde.
Vielmehr bleibt sie im Spiel zwischen Selbigsein und Anders-
sein, Andersgewesensein, Anderswerden. Aber sie umfängt
die unterschiedlichen Momente wie das Meer seine Wellen,
in die es sich ständig und ständig hineingibt und aus deren in
sich zurücklaufender Bewegung heraus es allein ist, was es
ist.

Auch in dieser raumhaft verstandenen Zeit gibt es also
Vergangenes, Gegenwärtiges und Zukünftiges. Aber das *Vergangene*, das, was jeweils war und als Gewesenes in das je-
weilige Jetzt hineinreicht, als Erinnertes oder als etwas, das
weiter fortwirkt, weil es das Heutige mit hervorgebracht, jedenfalls beeinflußt hat, – das Vergangene ist so etwas wie
eine Gegend im Raum, zu der wir, uns erinnernd, immer wieder neu zurückzukehren vermögen. Wir können es zu uns
sprechen lassen oder können es auch hinter uns zurücklassen.
Das *Gegenwärtige*, das, was sich gerade zuträgt, umgibt uns
wie ein weites Feld, in dem sich unendlich vieles gleichzeitig
mit uns befindet und bewegt. Und das *Zukünftige*, das, was
als Mögliches, als zu Befürchtendes oder zu Erwartendes oder
ganz und gar Unverhofftes noch kommen wird, gehört doch
immer schon in den umfassend »gegebenen« Horizont unseres Lebens, unserer Welt. Nach diesem Verständnis fließt die
Zeit weder an uns vorbei, in unaufhaltbarem Strom, noch
reißt sie uns in ihrem Strömen mit fort. Sie umgibt uns, wir
halten uns in ihr auf, gemeinsam mit dem, was war, ist und
sein wird.

Der *weite* Pazifik hat »seine Wellen, Gezeiten, Strömungen«. Zur Einsicht, daß die Zeit – auch – Raum ist, gehört unmittelbar die Erfahrung der *Weite*, die eine der

Grundeigenschaften des Raumes ist. Der Raum des Meeres ist in besonderer Weise ein weiter Raum: Die Meereswellen wandern in die und durch die Weite. Diese selbst bewegt sich in der Form endloser Wellen über das Meer hin. Die Gezeiten, Ebbe und Flut, sind wie das Ein- und Ausatmen der Weite. Sie zieht sich zusammen und dehnt sich aus, zieht sich zurück und flutet herein. Sie wird durchzogen von wärmeren oder kälteren, langsameren oder schnelleren Strömungen, die hellere und dunklere Streifen auf die Wasseroberfläche malen. Das alles spielt sich im und als Raum ab. Damit ist dieser seinerseits auch zeitlich bestimmt, schon, weil er bewegter Raum ist. Das Wandern und Sichbewegen wie das Sichzusammenziehen und Sichausdehnen und das Strömen durchlaufen eine Zeit, »brauchen« Zeit. Oder umgekehrt: die sich in der Zeit ergebenden und vollziehenden Ereignisse breiten sich in unterschiedliche Richtungen aus wie die unendlichen Wellen im Ozean, einzelne Geschehnisse im Raum kehren in regelmäßigen Folgen wieder wie die Gezeiten, scheinbar unabhängig voneinander Entstehendes oder Vergehendes, einander Ablösendes bildet unversehens einen Zusammenhang von weiten, ganze Wirklichkeiten bestimmenden Strömungen.

Doch verlassen wir das Bild des Ozeans. »Die Zeit ist auch Raum«. Heißt das, daß die Zeit auch ein Nebeneinander ist, daß sie ihre eigene Weite und Ferne hat, vielleicht sogar Richtungen – nach oben und unten, vorne und hinten?[4] Ob wir diese Fragen mit Ja beantworten können, hängt davon ab, wie weit wir den Raum unseres Sprechens und Denkens ansetzen wollen. Von einer *oberen* und einer *unteren* Zeit zu

---

[4] Es besagt jedenfalls, daß sie nicht, eine Kette des bloßen Nacheinander, einfach nur abläuft, daß sie vielmehr einen sich in verschiedene Richtungen erstreckenden Bereich bildet.

sprechen, könnte etwa dann möglich sein, wenn wir die Zeit der Unsterblichen von der Zeit der Sterblichen unterscheiden wollten. Was hieße da »Zeit«? »Denn tausend Jahre sind vor dir wie der Tag, der gestern vergangen ist, und wie eine Nachtwache«, singt der 90. Psalm. Es ist die Unsterblichkeit, die die Zeit der Götter oder des Gottes unendlich weit von der der Menschen verschieden sein läßt. Wenn die Götter nicht sterben, so haben sie »alle Zeit der Welt«. Ist »alle Zeit« aber überhaupt noch Zeit? Eine in diesem Sinne »zeitlose« Zeit, die keinen Anfang und kein Ende hat, hat wohl auch keine Tage und Nächte, keine Jahre und Jahreszeiten, keine Zeitabschnitte, die irgend mit unseren vergleichbar wären. Spricht man dennoch von »Zeit«, so impliziert das, daß »Obere« und »Untere« *im Himmel* und *auf der Erde*, also in unterschiedlichen Räumen leben, die ihre eigene Dauer und Augenblicklichkeit haben, Räume, »in« denen etwas geschieht, »durch« die hindurch sie sich bewegen.

Von *fernen Zeiten* und von Zeiten, die vor oder hinter uns liegen, zu sprechen ist uns geläufig; »Zeiten« meint da soviel wie »Zeitalter« oder »Zeiträume«. Dabei kommt es im jetzigen Zusammenhang mehr auf das Sich-erstrecken, mehr auf das Erfüllen und Geschehen an als auf die *Schnitte*, die einen Zeitabschnitt ausschneiden, auf Anfang und Ende eines Zeitraums. Die Zeit ist Raum, insofern sie andauert, verweilt. Sprechen wir vom »Zeitraum eines Sommers«, so thematisieren wir diesen nicht davon her, daß etwas vor und nach ihm ist, daß er entstanden ist und vergeht, sondern im Blick auf das, was innerhalb seiner geschieht oder auch nicht geschieht, was diesen Zeitraum erfüllt oder zu einem als leer empfundenen macht. Wenn Humboldt – wie oft zitiert wird – sagt: »Die Zeit ist nur ein leerer Raum, dem Begebenheiten, Gedanken und Empfindungen erst Inhalt geben«,[5] so ist die-

---

[5] *Briefe an eine Freundin*, 7. April 1833.

ser Raum nicht eigentlich der, um den es mir hier zu tun ist, – und auch die Zeit ist nicht die von mir thematisierte. Die Zeit, um die es Humboldt zu tun ist, ist nicht selbst raumhaft, sowie der Raum selbst keine Zeitcharaktere hat. Der »leere Raum« geschieht nicht, sondern er wird lediglich als Gefäß begriffen, das durch sich Begebendes, Gedankliches und Empfundenes erfüllt wird. Vergehen und Ablauf ist Zeit, aber auch Dauer und Augenblick, Zeitraum und Zeitpunkt sind Zeit. Natürlich lassen sich diese beiden »Seiten« nicht streng voneinander scheiden. Sie sind auch nicht fundamentalistisch oder weltanschaulich einander entgegenzusetzen, so als würde nur die eine oder aber die andere Konzeption das, was Zeit *ist*, treffen. Also etwa entweder Bergson oder Aristoteles, entweder Kant oder Heidegger. Die Vorstellung, Dinge oder Sachverhalte oder auch Begriffe hätten ein eines, wahres Wesen,[6] das durch eine richtige bzw. wahre Definition zu erkennen sei, sollte inzwischen unwiederbringbar zur hinter uns liegenden metaphysischen Tradition gehören.

Es scheint mir wichtig, beide Aspekte oder Momente der Zeit im Auge zu behalten, um sich des herrschenden Ansturms der »reißenden« Zeit erwehren zu können. Die verfließende, stets fortlaufende Zeit ist die meßbare und gemessene Zeit, die Zeit der Uhren. Sie ist in unserer heutigen alltäglichen Wirklichkeit fast durchgehend bestimmend geworden. Diese Zeit können wir nicht betreten, uns nicht auf sie einlassen, sie nicht als einen Raum durchmessen. Vielmehr hat sie uns im Griff und beherrscht uns, auch wenn wir uns dessen nicht bewußt sind. In einer Gruppe von Grundschulkindern wurde die Frage gestellt, was denn die

---

[6] Gemäß der Hegelschen schon in der Differenzschrift geäußerten Überzeugung »daß es Wahrheit gibt« (*Differenz des Fichteschen und Schellingschen Systems der Philosophie*, 40).

Zeit sei. In den – durchaus nachdenklichen – Antworten war die *Uhr* der absolut leitende Grundbegriff; und für alle kam es bei einem »guten« Umgang mit der Zeit vor allem darauf an, sie richtig zu *nutzen*. Die Zeit, die ein Raum ist, in dem man verweilen kann, in dem man z. B. zuweilen auch zurückgehen und auf Früheres zurückblicken, sich daran erinnern kann, kam nicht vor.

In einer anderen Bemerkung über die mexikanische Raum- und Zeiterfahrung, diesmal von einer Mexikanerin selbst geschrieben, wird die Verknüpfung von Zeit und Raum mit einem anderen Bild verdeutlicht: »Die Alten ... hatten überhaupt nicht an das Vergehen der Zeit geglaubt. Nicht die Jahre ließen einen Menschen altern, sondern die Meilen und Meilen, die er durch die Welt gewandert war.«[7] Die Menschen altern durch die Weite des Raumes, den sie im Laufe ihres Lebens durchmessen. Es ist klar, daß dies nicht schlicht quantitativ gemeint ist. Der jeweilige Weg durch die Welt hat seine spezifische Länge durch das, was sich mit ihm begibt, was sich an seinen Rändern zeigt, durch die Gegenden, durch die er führt, ob er ansteigt oder hinabgeht, kurvig oder gerade ist usw., – all dies nicht als »objektive« Gegebenheiten, sondern als Bestimmungen und Bestimmtheiten des Wanderns und damit der Widerfahrnisse der Menschen selbst verstanden. Die Zeit vergeht nicht einfach und reißt die Menschen in dieses Vergehen mit, sondern sie umgibt ihn, sie erstreckt sich unter seinen Füßen, so weit und so lange sie ihn tragen.

---

[7] Leslie Marmon Silko, *Der Almanach der Toten*, 16. Vgl. ausführlicher hierzu v. Verf., *Nichts*, 113 ff.

Zeit und Raum, Weile und Weite
bei Heidegger

»Die rein philosophische Thematik von Raum und
Zeit führt auf einen Ozean hinaus.«[1]

In Heideggers *Überlegungen* aus dem Jahr 1931 findet sich
als Betrachtung Nr. 108 der folgende Text:

»Das Gerenne hat ein Ende – der Fortschritt ist zum
Überdruß geworden – wir wollen zum Stehen kommen.
Halt! Und hier ist die ursprüngliche Grenze der Ge-
schichte – nicht das leere überzeitliche Ewige – sondern
die Ständigkeit der Verwurzelung.
Die Zeit wird zum Raum.
Aber die ursprüngliche Zeit zum Vor-raum der Weile.«[2]

Auch bei Heidegger stoßen wir also auf diese merkwürdige
Aussage, daß die *Zeit* auch *Raum* sei oder werde.[3] Die als *ursprünglich* betonte Zeit wird *Vor-raum* der Weile genannt,
was einen Wink in Richtung einer späten Bemerkung aus
Zeit und Sein zu geben scheint: »Denn die eigentliche Zeit
selber ... ist die vorräumliche Ortschaft, durch die es erst
ein mögliches Wo gibt.« (16) Heidegger hat zu dieser Zeit

---

[1] Martin Heidegger, *Zollikoner Seminare*, 337.
[2] *Winke x Überlegungen (II) und Anweisungen*, 38.
[3] Allerdings fügt er – wir sind im Jahr 1931 – noch eine Bemerkung über die
»ursprüngliche Zeit« hinzu, wie es seinen Ausführungen in *Sein und Zeit*
entspricht, wo der Zeit noch ein unbedingter Vorrang zukam; die *Zeitlichkeit*
wurde dort als »Sinn der eigentlichen Sorge« und diese als »Sein des Daseins«
begriffen.

eingesehen:»Der Versuch in ›Sein und Zeit‹ §70, die Räumlichkeit des Daseins auf die Zeitlichkeit zurückzuführen, läßt sich nicht halten.« (24) Keine Rückführung des Raumes auf die Zeit also, aber ein Zusammendenken beider in einer *gemeinsamen Ursprünglichkeit,* – die *ursprüngliche Zeit* ist vorräumliche Ortschaft, die »vorräumliche Ortschaft« könnte vielleicht auch *ursprünglicher Raum* genannt werden.

Im Zusammenhang der ursprünglichen Zeit kommt, zumal in den späten Schriften, wiederholt und wie von selbst die *Weile,* im Zusammenhang des ursprünglichen Raumes die *Weite* ins Spiel und zur Sprache. Ich nehme nur wenige Motive aus dem Eingangszitat auf, um von da aus, über Betrachtungen zu Zeit und Raum, den Weg zur *Weile* und zur *Weite* zu gehen.[4] Der Bezug von Weile und Weite zueinander zeigt eine Spielart der engen Zusammengehörigkeit von Zeit und Raum.

Die angeführte »Überlegung« geht von einem Überdruß am Fortschritt aus und wendet sich gegen die Hast und das Getriebensein – das »Gerenne«, die für unsere Zeit kennzeichnend gewordene zeitliche Befindlichkeit. Dem hält sie die *Ständigkeit der Verwurzelung* entgegen. Die Wurzeln geben, indem sie in den Erdboden reichen und sich dort mannigfaltig verzweigen, dem Verwurzelten einen Halt und Stand. Es kann sich im Wind wiegen lassen, kann sich der Sonne zuwenden, kann mit seiner Umgebung und auch mit seinen eigenen Wurzeln kommunizieren, aber es hat dabei stets seinen festen, ihm und nur ihm eigenen Ort, in bzw. an dem es gehalten bleibt. Von diesem Bild her läßt sich der Satz

---

[4] Vieles lasse ich dabei unberührt. Im übrigen beachte ich in diesem Text auch die Wandlungen, die Heideggers Raum- und Zeitdenken auf seinem Denkweg durchgemacht hat, nicht näher. Sie sind einerseits beträchtlich; andererseits ist bemerkenswert, daß sich Grundgedanken und Grundworte der späten Einsichten, oftmals überraschend, schon in *Sein und Zeit* und dann z.B. in den *Überlegungen* seit 1931 finden.

»Die Zeit wird zum Raum« so verstehen, daß die als immerwährender Fort-Gang[5] und Übergang begriffene Zeit dann, wenn dem Gerenne Einhalt geboten wird,[6] verschwindet zugunsten eines Innehaltens und Verweilens, durch das sie sich im Hier und Jetzt verwurzelt. Im Verweilen wird die Zeit selbst räumlich, nämlich *standhaft* und *ständig*. Damit hört sie auf, »gewöhnliche«, metrisch gemessene und zumessende Zeit zu sein. Ihre Erfahrung wird zum Eintreten in die *Weile*, die ein *weiter* Raum des Bleibens und Verweilens und des Aufenthalts zu sein vermag.

Heidegger hat schon früh Zeit und Raum[7] in ihrer »Einigkeit« zu denken versucht, welche ursprüngliche Einigkeit er den »Zeit-Raum« nennt. Dabei galt es von Anfang an, die gängigen Vorstellungen beider hinter sich zu lassen bzw. zu überwinden. Raum und Zeit sind weder als leere Anschauungsformen noch in ihrem Parametercharakter zu fassen, noch sind sie »Maßstäbe für quantitative Messung« oder »widerstandslose Medien, in denen die Dinge haltlos verflattern«.[8] Die »Einigkeit« bedeutet auch nicht, daß die Differenz zwischen ihnen aufgehoben werden sollte. Die »unbegriffene aber gewohnte Zusammennennung von ›Raum‹ und ›Zeit‹« ist vielmehr »auseinanderzubrechen«.[9] Das neue, gegenüber der Tradition andere Verständnis von Zeit und Raum bringt beide in eine gegenwendige Beziehung zueinander; was sie je

---

[5] Heidegger nennt sie in den *Beiträgen zur Philosophie* einmal die »Vorgangszeit«. (382)

[6] Für Heidegger handelt es sich bei diesem Einhalt-Gebieten nicht nur »um eine Abänderung des Vorstellens und der Vorstellungsrichtung«, »sondern um eine Ver-rückung des Menschenwesens in das Da-sein.« (*Beiträge zur Philosophie*, 372)

[7] Es ist bemerkenswert, daß Heidegger die gewöhnliche Formulierung »Raum und Zeit« umkehrt zu »Zeit und Raum«.

[8] *Überlegungen* XIV, 183.

[9] Vgl. *Beiträge zur Philosophie*, 375 und 373.

sind, sind sie in ihrem *Verhältnis,* genauer in ihrem *Verhalten* zueinander. Wir sprechen oft von *Zeiträumen* und meinen damit je bestimmte Zeitabschnitte, bestimmte Zeitspannen. Daß wir überhaupt den Raum mit vor Augen haben, wenn wir etwas über eine Zeit aussagen wollen, zeigt wiederum die innere Verbindung beider. Im gewöhnlichen Sprachgebrauch besteht diese Verbindung allerdings nur in der einen Richtung: Wir reden nicht in ähnlicher Weise wie von einem *Zeitraum* auch von einer *Raumzeit,* die wir lediglich als einen abstrakten – physikalischen bzw. relativitätstheoretischen – Begriff kennen. Heidegger dagegen stellt dem *Zeit-Raum,* den er als die aus dem Wesen der Wahrheit entspringende Einigkeit von Zeit und Raum faßt, einmal die *Raum-Zeit* an die Seite, wenn er sagt, daß der Raum »das Gleich-Zeitige aufnimmt als Raum-Zeit.«[10] Häufig wählt er die Zusammensetzung »Zeit-Spiel-Raum«, um die innige Verknüpfung von Raum und Zeit zum Ausdruck zu bringen. Zeit und Raum, Raum und Zeit spielen mit- und ineinander, sie sind, mit Heraklit gesagt, ein »spielendes Kind«. In diesem Spiel ist der Ort ein Augenblick in der Weite des Raumes, der Augenblick ein Ort in der Weile der Zeit.

Für alle diese Gedanken zu Zeit und Raum ist festzuhalten: »Zeit und Raum (ursprünglich) ›sind‹ nicht, sondern wesen.«[11] Darin liegt zweierlei. Zum einen und vor allem, daß Heidegger das *Sein* – und Raum und Zeit sind ja letztlich Seinsbestimmungen – *verbal* versteht. D. h. nicht als eine wie auch immer geartete hypostasierte Substanzialität, als eine »Realität« oder »Objektivität«, sondern als ein *Geschehen,* ein Sich-ereignen. Wie er die Welt überhaupt und das In-der-Welt-sein des Menschen als ein konkretes Geschehen

---

[10] *Das Wesen der Sprache,* 214.
[11] *Beiträge zur Philosophie,* 385.

des Her- und In-die-Gegenwart-kommens begreift, so faßt er
auch den Raum und sein Verhältnis zum Ort und die Zeit in
ihren drei Dimensionen als ein ursprüngliches *Geschehen*, in
dem und durch das das begegnende Innerweltliche sich allererst ergibt. »Von der Zeit läßt sich sagen: die Zeit zeitigt. /
Vom Raum läßt sich sagen: der Raum räumt.«[12]
Zum anderen begreift er dieses Geschehen seinerseits
nicht als einen irgendwie sich für sich abspulenden Prozeß,
sondern als etwas, das *mit uns geschieht*, das auf uns Menschen zukommt, indem es uns *an-west*. In bezug auf die Zeit
führt er dies in *Zeit und Sein* so aus: »Wesen heißt Währen.
… Die Rede vom An-wesen verlangt jedoch, daß wir im
Währen als dem Anwähren das Weilen und Verweilen vernehmen. Anwesen geht uns an, Gegenwart heißt: uns ent-
gegenweilen, uns – den Menschen.« (12)
Der verbale und transitive Charakter der Zeit und des
Raumes kann uns einen wichtigen Hinweis darauf geben,
was es heißt, in ihrem Umfeld von Weile und Weite zu sprechen bzw. sie bis zu einem gewissen Grad selbst als Weile
bzw. als Weite zu verstehen. Zunächst zur Zeit: Zeit ist keine
Form des Anschauens oder Vorstellens, kein Naturgesetz des
Fortgehens oder Fließens, sie nennt vielmehr das Geschehen
eines Begegnens und Entgegenkommens – das *Zeitigen*.
»Zeitigend entrückt uns die Zeit zumal in ihr dreifältig
Gleich-Zeitiges, entrückt dahin, indem sie uns das dabei Sich-
öffnende des Gleich-Zeitigen, die Einigkeit von Gewesen,
Anwesen, Gegen-Wart zubringt.«[13] Die Zeit eröffnet einen
Bereich, in dem uns Gewesenes, Anwesendes und Kommen-
des zugleich angehen und uns inmitten ihrer einen Aufent-
halt, ein *Verweilen* geben können. Diesen Bereich des ineins

---

[12] *Das Wesen der Sprache*, 213.
[13] Ebd.

zeitlich wie räumlich zu verstehenden Verweilens können wir den *Zeit-Raum der Weile* nennen.

Die Weile läßt sich somit als ein Räumlichsein der Zeit verstehen. Wenn die Zeit auf diese Weise Raum ist, so hört sie nicht auf, Zeit zu sein, sie löst sich lediglich aus dem »Fortriß der Zeit«, indem sie beginnt, den menschlichen Aufenthalt auf der Erde als ein Hin- und Herschreiten im Angesicht von und im Umgang mit Vergangenem und Zukünftigem zu leben, als ein Wohnen, das seine Räume in unterschiedlichen Richtungen zu durchstreifen vermag. Die Weile ist insofern ein Zeit-raum, der zwar ein Verweilen, ein Bleiben bedeutet, aber dieses nicht im Sinne eines Stehenbleibens, sondern eines in sich bewegten *Da-seins*[14].

Der Raum ist *Räumen* und *Einräumen*. »Im Räumen spricht und verbirgt sich zugleich ein Geschehen.«[15] In ihm geschieht nicht einfach etwas *mit* dem Menschen, sondern er selbst gestaltet dieses Geschehen mit, er wird für es *gebraucht*. »Räumen ist, in sein Eigenes gedacht, Freigabe von Orten, an denen die Schicksale des wohnenden Menschen sich ins Heile einer Heimat oder ins Unheile der Heimatlosigkeit ... kehren.« *(ebd.)* Das »Sich-kehren« vollzieht sich durch den und mit dem Menschen. Als *bauender und wohnender* gibt er dem Raum die Möglichkeit (wir können sagen: er räumt die Möglichkeit ein), Orte einzuräumen, an denen das Wohnen und die Dinge in ihm sich entfalten können. »Der Mensch macht nicht den Raum; der Raum ist auch keine nur subjektive Weise des Anschauens; er ist aber auch nichts Objektives wie ein Gegenstand. Vielmehr braucht der Raum, um als Raum zu räumen, den Menschen.«[16]

Im übrigen zeigt sich im Zusammenhang mit dem Woh-

---

[14] Dieses Wort hier nicht im spezifisch Heideggerschen Sinn gebraucht.
[15] *Die Kunst und der Raum*, 9.
[16] *Bemerkungen zu Kunst – Plastik – Raum*, 15.

nen wiederum die enge Verbundenheit von Raum und Zeit: In der Vorlesung *Der Ister* führt Heidegger aus:»Das Wohnen nimmt einen Aufenthalt und ist ein Innehalten des Aufenthaltes, und zwar des Menschen auf dieser Erde. Der Aufenthalt ist ein Verweilen. Er bedarf der Weile. In ihr findet der Mensch die Ruhe. Dabei meint Ruhe nicht das Aufhören der Tätigkeit und den Fortfall der Störung. Ruhe ist das gegründete Beruhen in der Beständigkeit des eigenen Wesens. In der Ruhe ist das Wesen des Menschen in seiner Unverletzlichkeit aufbewahrt.« (23)

Das Einräumen läßt Orte sein, die die Dinge zueinandergehören lassen in ihrer jeweiligen Gegend. Heidegger denkt die Gegend als die *Gegnet*, das Gegnende, als die »freie Weite«.[17] Das Räumen des Raumes erweist sich als Gegnen der Gegend, als Entgegenkommen und als Begegnenlassen. Die Weite ist der freie Raum des In-sich-beruhens. In *Zur Erörterung der Gelassenheit* spricht er von der »Gegend, durch deren Zauber alles, was ihr gehört, zu dem zurückkehrt, worin es ruht.« (40)

Heidegger sagt oft, wenn auch gleichsam nebenbei,[18] daß die Dinge in sich *ruhen* bzw. in sich *beruhen*. Im Gegensatz zum bloßen Vorhandensein (zu einer neutralen Zeit und an einem neutralen Ort) weist das In-sich-beruhen auf das *Verweilen* eines Dinges im Bereich seiner ihm eigenen Gegend hin und damit auf die Weile und Weite, denen es zugehört, sie ist »die verweilende Weite«.[19] Das »Verweilen beim Beruhen in sich selbst« ist ein »weites Beruhen in der

---

[17] Das Wort ›Gegnet‹ »nennt die freie Weite. Durch sie ist das Offene angehalten, jegliches Ding aufgehen zu lassen in sein Beruhen in ihm selbst.« (*Die Kunst und der Raum*, 10)

[18] Falls wir sagen dürfen, daß Heidegger die Zeit als Weile und den Raum als Weite faßt, so geschieht auch diese Identifizierung eher »nebenbei«, nicht expressis verbis.

[19] *Zur Erörterung der Gelassenheit*, 42.

Weile«. In verschiedenen Formulierungen entfaltet Heidegger das Walten der Gegend als ein Geschehen von Weile und Weite. Zugleich sagt er, im Zauber der Gegend kehre alles zu dem zurück, »zu dem es gehört«. Wozu gehören die Dinge, und inwiefern kehren sie zurück? Wenn etwas zurückkehrt, so ist es zuvor aufgebrochen. Dieses Aufbrechen ist das genannte Geschehen des Auf-uns-zukommens, Uns-angehens, Uns-anwesens – dasjenige, was Heidegger auch als die Bewegtheit der griechischen *physis* begreift. Die Dinge wachsen, zusammengehörend in ihrer gemeinsamen Gegend, auf aus ihrem Wurzelgrund, entfalten sich in der freien »Weite, in der sich Erde und Himmel, der Gott und der Mensch erreichen«,[20] – und bleiben doch zugleich, sich bewahrend und bergend, in ihm. Der Spielraum für das Zusammenspiel von Aufgehen und Zurückgehen der Dinge ist ihr Verhältnis zur Welt, genauer, wie Heidegger in *Das Ding* ausführt, zum Geviert der Welt als dem Spiegel-Spiel von Erde und Himmel, Sterblichen und Göttlichen.

Die gebotene Kühle und Strenge philosophischer Aussagen scheint mit diesen Ausführungen zur Gänze verlassen. Aber wenn es um Weile und um Weite geht, dann müssen wir in der Tat und notwendig abstrakte Bestimmungen und Kategorien hinter uns lassen. Erde und Himmel bestimmen, wenn sie nicht als Komponenten eines kosmologischen Systems verstanden werden sollen, wenn wir sie vielmehr als den durchaus irdischen Bereich, über den uns unsere Füße tragen und auf dem wir uns zeit unseres Lebens aufhalten, bzw. als den himmlischen Bereich, der sich mit den mannigfaltigen Wettern in Taghelle und nächtlicher Finsternis über uns wölbt, aufnehmen und begegnen lassen, das Weilen und die Weite unseres lebendigen Aufenthalts bei den Dingen, des *Wohnens.*

---

[20] *Das Wesen der Sprache,* 211.

Das *Weilen* begegnet mehrfach in Heideggers *Das Ding*, da nämlich, wo es um die Weise geht, wie die Dinge die Welt versammeln, wie umgekehrt ebenso die Welt die Dinge versammelt. In einem eher ungewohnten transitiven Gebrauch des Verbs »verweilen« sagt Heidegger, daß das »Geschenk« des Kruges – *das* Beispiel des Ding-Vortrags – die Erde und den Himmel, die Göttlichen und die Sterblichen *verweilt*. Zugleich führt er in bezug auf jede dieser vier »Weltgegenden« aus, daß in ihnen das Ding *weilt*. Das Weilen hat hier eindeutig einen sowohl räumlichen wie zeitlichen Charakter, wobei der erstere im *Ding*-Vortrag überwiegt: »Im Wasser des Geschenkes [des Krugs] weilt die Quelle. In der Quelle weilt das Gestein, in ihm der dunkle Schlummer der Erde, die Regen und Tau des Himmels empfängt. Im Wasser der Quelle weilt die Hochzeit von Himmel und Erde. Sie weilt im Wein, ... Im Wesen des Kruges weilen Erde und Himmel.« Und etwas später: »Im Geschenk des Gusses weilen *zumal* Erde und Himmel, die Göttlichen und die Sterblichen.« (171 f.)

»Weilen« meint hier »anwesend sein«, »anwesen«. Wir haben gesehen, das »anwesen« für Heidegger heißt, daß das in etwas Weilende nicht bloß darin vorkommt, vorhanden ist, sondern daß es sein Worin *angeht*, bestimmt, es selbst sein, d. h. in sich beruhen läßt. Das Ding läßt die Welt, deren Vierfalt in ihm weilt und d. h. die es, das Ding, an-west, als Welt sein, *und* die Welt läßt die Dinge, die ihre Vierfalt in sich versammeln, je in sich als in eben diesen Dingen beruhen.

In Heideggers Spätwerk sind – obgleich er das nirgendwo mit dieser Deutlichkeit ausdrücklich macht – alle wesentlichen Bezüge zwischen etwas und einem anderen *wechselseitige Bezüge:* allem zuvor Sein und Mensch, aber auch Zeit und Raum, Welt und Ding. Und so ist auch das Weilen als Bezug zwischen Weltgegenden und Dingen ein wechsel- oder gegenseitiges: »Das Wesen des Kruges ist die reine schenkende Versammlung des einfältigen Gevierts [jener vier Weltgegenden]. ... Das Ding dingt. Das Dingen ... sammelt, das Geviert ereignend, dessen Weile in ein je Weiliges: in dieses, in jenes Ding.« (172) In den Dingen weilen die vier Weltgegenden, die Dinge »verweilen das Geviert in ein je Weiliges von Einfalt der Welt.« (179)

Das hier mehrfältig erscheinende Weilen impliziert, wie gesagt, sowohl eine Zeitlichkeit wie eine Räumlichkeit. Als Weile ist die Zeit Raum und der Raum Zeit. Neben diesem inneren Bezug zum Raum begegnet uns bei Heidegger aber auch oft, wie wir ebenfalls schon gesehen haben, ein ausdrücklicher Bezug der Zeit – und auch ausdrücklich der Weile – zum Raum *als Weite*. In den *Zollikoner Seminaren* spricht Heidegger bei seiner Erörterung des *Jetzt* davon, daß dieses – als »ganze weite Zeitspanne« – »nicht punktuell« ist, vielmehr »immer eine gewisse *zeitliche Weite*« hat. (60) Er nennt es auch das »geweitete Jetzt«. Da Heidegger die in diesem Zusammenhang erläuterten Bestimmungen des Jetzt ausdrücklich auch auf die Zeitdimensionen des Gewesenen und des Zukünftigen ausdehnt, können wir auch allgemeiner von einer *geweiteten Zeit* sprechen.

»Demnach ist die Gegend selbst zumal die Weite und die Weile«, sagt Heidegger im Gelassenheitsgespräch. (42)[21] Die Weite kommt immer wieder ins Spiel, wenn er vom *Offenen* und von der *Gegend* spricht. Ich zitierte schon, daß er die »Gegnet« als »die freie Weite« versteht. »Durch sie ist das Offene angehalten, jegliches Ding aufgehen zu lassen in sein Beruhen in ihm selbst.«[22] Das Offene des Raumes ist die im Räumen des Raumes freigegebene Weite, in der das Jeweilige

---

[21] Die hier intendierte Gegend, die »Gegend aller Gegenden« (40), meint in etwa dasselbe wie der *Zeit-Raum* bzw. der Zeit-Spiel-Raum, aus dessen Sicht Heidegger sogar sagen kann: »Die Zeit räumt ein ... Der Raum zeitigt ein«. (*Beiträge zur Philosophie*, 386)

[22] *Die Kunst und der Raum*, 10.

seinen Ort findet und die ineins damit »die Weite des Spielraums zwischen Erde und Himmel«[23] ist, bzw. noch umfassender: das »Gegen-einander-über« der Weltgegenden, die
»Weite, in der sich Erde und Himmel, der Gott und der
Mensch erreichen«. Das Gegen-einander-über lebt im Spiel von Nähe und
Ferne. *Weite und Ferne* ist eine bei Heidegger mehrfach an-
zutreffende Zusammenstellung. Mit Nähe und Ferne sind
unmittelbar Weile und Weite konnotiert. Im Gelassenheitsgespräch, in dem sich die schöne Bemerkung findet: »Das
Denken wäre dann das In-die-Nähe-kommen zum Fernen«,[24]
spricht er von der »Weite des Fernen, in dessen Nähe es [das
Warten] die Weile findet, darin es bleibt.« (44) In der Weite
des Fernen – in der Weite der offenen Gegend – findet man
die Nähe der Weile – das Weilen in der Nähe. Der Bereich des
Wechselspiels von Ferne und Nähe, die beide nicht sind ohne
die je andere, ist der Zeit-Spiel-Raum der Welt. Die »Nähe
selber«, sagt Heidegger, indem er die gerade erläuterten Begriffe überkreuz verwendet, läßt »das Nachbarliche der vier
Weltgegenden« zueinander gelangen und hält sie »in der
Nähe ihrer Weite«.[25]

---

[23] *Hebel – der Hausfreund*, 38.
[24] *Zur Erörterung der Gelassenheit*, 45. Zum »In-die-Nähe-kommen zum
Fernen« vgl. v. Verf. *Wege im Denken*, 123 ff.
[25] *Unterwegs zur Sprache*, 211.

Nächtliche Weile und Weite

Wenn man nachts wach liegt und nicht einschlafen kann, geht die Zeit unheimlich langsam voran, die Minuten dehnen sich, der Fluß der Zeit ist unendlich träge.[1] Doch daraus wird keine Weile, auch keine allzu lange, – man spürt ja nicht eigentlich Langeweile, vielmehr ist man überwach und erfüllt von Gedanken und Bildern, die die Ruhe verweigern. Während man in einer bewußt erfahrenen Weile bedachtsamen, gestillten Aufenthalt nehmen, im eigentlichen Sinne verweilen könnte, vermag man in der sich dehnenden Zeit der nicht vergehen wollenden Nacht gerade nicht zu verweilen. Die nervöse Überwachheit läßt kein stilles Bleiben zu.

Die scheinbar allzu lange Dauer der Nacht wird noch verstärkt dadurch, daß sie von fernem Hundegebell erfüllt wird:

> Hundegebell –
> noch länger wird
> die lange Nacht.
> (Santôka)

Wenn ich in Montaretto in warmen Sommernächten auf dem Dach schlafe, beginnen zuweilen die für die Wildschweinjagd hungrig gehaltenen Hunde zu bellen, laut und wild und gierig. Dann ist an Schlafen nicht mehr zu denken. Zorn über das Geheul und Mitleid mit der »geschundenen Kreatur«

---

[1] Aber gerade im scheinbar endlosen Nichtvergehenwollen ist er als Fluß präsent, Minuten folgen auf Minuten, Viertelstunden auf Viertelstunden.

halten sich die Waage, ganz durchtränkt von dieser unbestimmten Qual, nicht schlafen, aber andererseits auch nicht ruhig vor sich hin sinnen zu können. Die Weite der Nacht hat hier keinen gebenden Charakter, d. h. die Geräusche entstehen nicht aus der Stille in der Weise, daß sie in ihr zugleich geborgen und gehalten blieben, sondern sie zerstören sie, verunmöglichen gewissermaßen die Nacht als solche. Die sich unendlich gegenseitig aufreizenden Hunde scheinen der Nacht selbst einen lästigen Laut zu geben. Erinnerungen tauchen auf: An eine lang vergangene Nacht auf der Île d'Oléron, als das Bellen ganz fern und verloren klang. Oder an manche Nächte im äthiopischen Awassa, wo das Bellen der Hunde von dem der Hyänen kaum zu unterscheiden ist.

Es kann aber auch ganz anders sein. Die Geräusche in der Nacht können jeweils so etwas wie ein Sammlungspunkt[2] oder Fokus ihres Raums und ihrer Weite sein:

Schlafend oder wachend –
eine lange Nacht.
Geräusch der Stromschnellen.
(Santôka)

Oder auch:

Mein Kopfkissen aus Gras. –
Hundegeheul,
irgendwo in der Nacht ...
(Bashô)

---

[2] Mit dieser Formulierung erinnere ich daran, daß Heidegger das Verhältnis von Dingen und Welt als ein wechselseitiges Sammeln und Versammeln versteht. Vgl. hierzu v. Verf.: »*Ein Vogel ruft, der Berg wird noch stiller*«. *Die Dinge und das Unsichtbare – die Haiku-Dichtung und Heidegger.*

Hier wird die Nacht in ihrer Weite und Macht nicht gestört durch die je und je auftauchenden oder sich stetig durchhaltenden Laute.[3] Die lange Nacht wird begleitet von dem ständigen Geräusch des strudelnden Wassers, das, wie das fließende Wasser so oft, ein nicht faßbares Zugleich von einzelnem und allgemeinem Tönen ist. Oder das unbestimmte Hundegeheul *irgendwo* in der Nacht – es unterstreicht nur die weite Stille der Nacht, in der sich der Wanderer auf seinem Graslager ausgestreckt hat. Daß die weite Nacht eine eigene Stimme hat oder gewinnt, erscheint irgendwie tröstlich, vielleicht wird sie dadurch zu einer Art Heimat.

Geräusche in der Nacht – sowohl das sich durchhaltende des Zirpens der Grillen oder des leise fallenden Regens oder des in sich bewegten rauschenden Wasserfalls wie das vereinzelte Hundegebell, menschliche Rufe oder der Schrei eines Nachtvogels –, sie geben dem weiten Raum zwar so etwas wie gewisse Markierungen und Akzentuierungen, vage Abstände und Entfernungen; aber die Beziehungen zwischen den Dingen und zwischen ihnen und dem Hörenden artikulieren ihn, ohne ihm eine spezifische Bestimmtheit zu geben, ohne seine Weite zu stören. Diese drängt sich vielmehr gerade durch jene Akzente in besonderer Weise auf, breitet sich durch sie hindurch umso weiter aus.

Ein *Nachtgeräusche* überschriebenes Gedicht von Conrad Ferdinand Meyer bringt dies zum Ausdruck:

Erst das traute Nachtgebell der Hunde,
Dann der abgezählte Schlag der Stunde,
Dann ein Fischer-Zwiegespräch am Ufer,
Dann? Nichts weiter als der ungewisse
Geisterlaut der ungebrochnen Stille.

---

[3] Vgl. hierzu v. Verf. *Nächtliche Geräusche. Raumerfahrungen in literarischen Bildern.*

Dabei möchte ich die dreimaligen »dann« trotz des »erst«, auf das sie folgen, nicht so sehr im Sinn eines zeitlichen Ablaufens als im Sinn einer sich ineinander fügenden Gesamtwahrnehmung verstehen. Die Stille folgt nicht auf die einzelnen Geräusche, sondern unterläuft sie und wird durch sie gerade in ihrer Weite erfahrbar. Die stille Weite des nächtlichen Raumes wird betont und verstärkt durch die vereinzelten in ihr wie Inseln aus großem Wasser auftauchenden Geräusche. Die Stille scheint auf gerade durch ihr Gebrochensein, die Weite gerade durch ihre Punktualisierung.

Die Weite und Stille der Nacht können wir als einen Raum der Nichthaftigkeit verstehen, der durch die Geräusche der Nacht nicht in Frage gestellt wird, sondern der durch sie gerade in seiner unendlichen Weite, Leere und Verlassenheit in besonderer Weise erfahrbar gemacht wird. Die Nichthaftigkeit der Weite erscheint als der Hinter- oder Untergrund, vor dem und in dem sich Einzelnes zu zeigen vermag.

*

Einem, der vorübergeht

Du hast mich an Dinge gemahnet,
Die heimlich in mir sind,
Du warst für die Saiten der Seele
Der nächtige flüsternde Wind

Und wie das rätselhafte,
Das Rufen der atmenden Nacht,
Wenn draußen die Wolken gleiten
Und man aus dem Traum erwacht,

111

Zu blauer weicher Weite
Die enge Nähe schwillt,
Durch Zweige vor dem Monde
Ein leises Zittern quillt.

(Hofmannsthal)

Ich stelle mir vor: da liegt einer in seinem Bett, er hat die Lampe gelöscht und schickt sich an, einschlafen zu wollen. Um ihn herum dunkle, zugleich heimelige Nacht. Die Geschäfte, Besorgnisse und Freuden des vergangenen Tages treten immer mehr zurück, bilden so etwas wie einen verblassenden Hintergrund, den er ruhig hinter sich lassen kann, weil jeder Tag seine eigenen Farben und Geräusche hat, die sich am folgenden Morgen auf ihre Weise wieder neu zeigen werden. Die Nacht ist eine merkwürdige Zwischenzeit zwischen dem, was gerade erst zur Vergangenheit wird, und dem, was sich nach ihr als Kommendes ergeben mag.

Mir scheint, daß man Hofmannsthals Gedicht als eine Evozierung des Geschehens dieser Zwischenzeit lesen kann. Draußen auf der Straße geht jemand vorüber. Seine Schritte hallen durch die stille Gegend und geben durch ihr Geräusch dem zuvor leeren Nachtraum ein eigenes, offenes Volumen, eigene, weiche Konturen, ein eigenes, träumerisches Leben. Zugleich verharrt alles in einer schwebenden Unbestimmtheit. Die Nacht wird hörbar, ein leises Flüstern und unbestimmtes Rufen bringt sie zu einem kaum wahrnehmbaren Klingen und Erzittern. Ihre Atmosphäre löst sich gewissermaßen los von den Koordinaten des realen Raumes, wird heimlich, rätselhaft und gleitend.

Der Zwischenzustand dieser nächtlichen Weile nimmt in seiner traumhaften und doch wachen Irrealität keine meßbare Zeitspanne ein. Der sich ihm Überlassende verweilt gewissermaßen außerhalb der real ablaufenden Zeit – das Erzittern der Zweige vor dem Mond könnte wie ein spielerisches

Vor- und Zurückschwingen eines Uhrzeigers gesehen werden. Die Dinge, die in dem der Nacht Anheimgegebenen und um ihn herum in der Nähe sind, gleiten leise in eine »blaue, weiche Weite«.

Wie zuvor das unbestimmte ferne Hundegebell so sind auch die einsamen Schritte des draußen Vorübergehenden durch ihr bloßes Anklingen eine Art Katalysator für das Sich-entfalten einer je-weiligen nächtlichen umfassenden Weite.

Abschiedliche Weile

Der Abschied und das Abschiednehmen haben es in besonderer Weise sowohl mit der Zeit wie mit dem Raum zu tun. Es geht um den Übergang von einer Anwesenheit in eine Abwesenheit, – »anwesend« und »abwesend« beziehen sich auf eine Zeit ebenso wie auf einen Raum bzw. Ort.[1] Abschied zu nehmen heißt, eine Anwesenheit bei etwas oder vor allem bei jemandem zu beenden. Im Abschied wendet man sich noch einmal ausdrücklich dem zu, von dem man sich zu scheiden anschickt. Genau genommen wird mein Abschied allerdings nur für den, der zurückbleibt, meine Abwesenheit bedeuten; ich selbst trete nur in eine andere Anwesenheit, werde woanders und für andere anwesend sein.[2] Allein der letzte Abschied, das Sterben, wird den Übergang in meine eigene, eine schlechthinnige Abwesenheit bedeuten, in der ich für niemanden und nichts mehr anwesend bin, in der nichts und niemand mehr für mich anwesend sein wird, – zu keiner Zeit und an keinem Ort. Dieser Abschied ist aber hier nicht mein Thema.

Der Anfang und Refrain eines Liedes von Reinhard Mey lautet:

Gute Nacht, Freunde,
es wird Zeit für mich zu geh'n.
Was ich noch zu sagen hätte,

---

[1] Wobei im alltäglichen Wortgebrauch die räumliche Bedeutung überwiegt – wie wohl auch bei »präsent«.

[2] Der, von dem ich mich verabschiede, ist dann, wenn ich weggehe, auch für mich nicht mehr anwesend, insofern abwesend.

reicht für eine Zigarette
und ein letztes Glas im Steh'n.

Hier wird eine Weile des hinausgezögerten Abschieds zum Ausdruck gebracht. Dieses Zögern ist kein Zaudern und Nichtgehenwollen, sondern die kostbare und bewußt ausgekostete Zeit der Schwelle zwischen Noch-dasein und Schonwegsein. Eine solche Schwelle ist zwar eine Art Nicht-Ort, und ist doch andererseits ein ausgegrenzter Raum, ein Schutzraum gewissermaßen gegen das einfache Vorübergehen der Zeit. Es ist eine Zwischenzeit, die das, was war, erinnernd in sich versammelt, um es so mit hinüberzunehmen in die noch nicht begonnene Zeit danach, in der es zu einem Teil des weitergehenden Lebens werden kann.

Ausdrücklich kommt hier nur die Zeit zu Wort, obgleich im »Gehen« auch der Raum impliziert ist. *Es wird Zeit für mich zu gehen.* Wie in vielen anderen Wendungen, die vom Umgang mit der Zeit reden, wie »sich Zeit nehmen«, »Zeit haben«, »Zeit vertun«, erscheint sie beinahe als etwas Eigenes und Eigenständiges, fast etwas Dingliches oder eine Macht, keineswegs als bloßer Ordnungsbegriff oder als die reine Form, als die Kant sie versteht. Zugleich bleibt sie jedoch an ihr selbst unfaßbar, ihre Konkretion ist allein die Konkretion dessen, für das oder wozu es Zeit ist. Wenn wir sagen, ›es ist Zeit‹ oder ›es wird Zeit‹, beziehen wir uns auf ein bestimmtes Innerzeitliches, für das seine Zeit gekommen oder abgelaufen ist. Mit »seine Zeit« implizieren wir, daß, wie der Prediger Salomo sagt, ein »jegliches Ding unter dem Himmel und jedes Vornehmen des Menschen« eine eigene Zeit seines Verweilens, seine eigene Weile hat. »Gut Ding will Weile haben«: Das Ding kann nur gut und stimmig sein, wenn es, *dieweil* es ist, an seinem ihm gebührenden *Ort*, gleichsam zu Hause ist; dafür aber braucht es *seine Zeit*,

– die Zeit, in der es wurzeln, wachsen, dann auch vergehen kann.

»Es wird Zeit für mich zu geh'n«. Auf den ersten Blick ist mit dieser Zeit, die »es wird«, gerade keine währende Weile, vielmehr bloß eine Zeitgrenze angesprochen. Weil es Zeit wird zu gehen, kommt der Aufenthalt bei den Freunden zu einem Ende, ist die Zeit des Verweilens vorbei, tritt ein neuer, künftiger Zeitabschnitt in Erscheinung. Doch wird an diesem kleinen Text, so meine ich, umgekehrt deutlich, daß »*die* Zeit« nicht aus aneinander gestückten Zeitabschnitten besteht, von denen jeweils die einen vorüber und vergangen und die anderen noch ausstehend und zukünftig sind, während das rätselhafte *Jetzt* selbst nicht zu fassen ist, weil es immer schon, will man es als solches ergreifen, *noch nicht* oder gerade schon wieder *nicht mehr* ist. Es wird Zeit für mich zu gehen: gerade dies eröffnet den *ruhigen Raum* – die »geweitete Zeit«, wie Heidegger einmal sagt, – für das Rauchen einer Zigarette und das Trinken eines Glases Wein, – schon nicht mehr im niedergelassenen Sitzen, schon im Stehen und doch noch nicht im Gehen …

Der Abschied verdankt sich immer einer Ortsveränderung, man geht von einem Raum in einen anderen und läßt die Menschen, die Dinge, die Landschaft, die Gefühle hinter sich zurück, die den Ort mit ausgemacht hatten, den man jetzt verläßt. Haus und Tisch der Freunde waren für den Gast im unmittelbar wörtlichen Sinne ein freundlicher Raum des Verweilens. Aber wir können noch in einem weiteren, zweiten Sinne von dem *Raum des Abschieds* sprechen: der Abschied selbst nimmt einen Zeit-Raum ein, der kürzer oder länger sein kann, einen Augen-Blick oder eine Zigarettenlänge. Das Abschiednehmen selbst entfaltet einen ihm eigenen Raum mit seiner eigenen Zeitspanne.

Heidegger bringt in *Sein und Zeit* als ein Beispiel für den nicht metrisch auslotbaren Raum die Wendung »eine

Pfeife lang« als Bestimmung einer Wegstrecke.[3] Ähnlich steht bei Reinhard Mey die Länge einer Zigarette als ein gewisses Zeit-Maß. Dieses »Maß« ist jeweils situativ oder konstellativ, es bestimmt sich aus dem jeweiligen Zeithorizont des Handelns und Sich-Befindens. Das Abschied nehmende Bleiben nimmt einen gewissen Zeit-Raum ein; es ist ein Noch-Bleiben. Zugleich deutet es schon vor in ein Weiteres, Anderes, – eine neue Welle des umgebenden Ozeans der Zeit. Die Weisen, wie die Wellen dieses Ozeans aufeinander folgen, sind unendlich viele, die Zeitorte und -momente spielen immer wieder anders ineinander, bilden miteinander immer neue Orte.

Bei Heidegger wie bei Reinhard May wird die Zeit nicht nur überhaupt durch etwas »nicht-objektives« Bewandtnishaftes abgeschätzt, sondern jeweils ist das vertraute »Maß« zunächst ein unmittelbar zeitliches, obgleich es einmal um die Bezeichnung einer räumlichen Distanz (»bis dort«), einmal um die Nennung einer kurzen Zeit, der Zeit des Abschiednehmens, geht. In beiden Fällen sprechen wir von einem Zeit*raum*. Wir bedienen uns eines *zeitlichen* Ablaufs, um die Länge[4] einer nicht nur räumlichen, sondern auch zeitlichen Strecke zu umschreiben. Wir können das, weil dieser zeitliche Ablauf selbst auch einen gewissen räumlichen Charakter hat.

Anders als bei Heidegger, wo die Nennung der Pfeifenlänge nur zur Bestimmung einer Wegstrecke dient, wird bei Reinhard Mey der angezeigte Zeitraum für sich thematisiert. Er gibt Zeit *für* das Rauchen einer Zigarette, gleichwohl geht es nicht um das Rauchen selbst, sondern eben um die Zeit, die es dem Abschiednehmenden noch gibt, den Zeit-Raum, in

---

[3] »Die objektiven Abstände vorhandener Dinge decken sich nicht mit Entferntheit und Nähe des innerweltlich Zuhandenen.« (*Sein und Zeit*, 105 f.)

[4] »Länge« bedeutet zwar auch eine zeitliche Ausdehnung, eine Dauer, aber primär ist damit eine räumliche Ausdehnung gemeint.

dem er sich noch aufhalten kann, bevor er endgültig zu gehen hat. Dieser räumliche Charakter bezieht sich nicht auf den sogenannten »äußeren« Raum, in dem sich die Körper befinden und bewegen und der die Abmessungen der Dinge und ihrer Abstände bestimmt. Gleichwohl macht es, so meine ich, keinen Sinn, dies einen »Raum im übertragenen oder metaphorischen Sinne« zu nennen. Denn für was würde da »Raum« als Metapher gebraucht? Wie können wir es benennen, wenn nicht eben als *Raum?* Ich denke, wir müssen hier – wie in anderen Fällen scheinbarer Metaphern – zugeben, daß es Raum in dem einen wie dem anderen, z. B. auch dem zeitlichen Sinne gibt. Der Zeitraum ist Raum, wie auch der Repräsentationsraum, der Spielraum, der soziale, logische, virtuelle Raum Räume sind.[5] Goethe spricht einmal von dem »stillen Raum so mancher tiefen Nächte« *(Tasso)*, und Schiller sagt: »in des Herzens heilig stille Räume muszt du fliehen aus des Lebens Drang.« *(Der Antritt des neuen Jahrhunderts)*

Zu dem Raum, für den der Abschiednehmende seinen Gastgebern im geweiteten Augenblick seines Scheidens dankt, gehört, »dass ihr nie fragt, wann ich komm' oder geh'«, »die stets offene Tür, in der ich jetzt steh'«. Es ist ein Zeit-Raum der Offenheit, in dem es unterschiedliche Meinungen geben kann und darf, in dem niemand drängt oder fordert, in dem man sich dem überlassen kann, was sich jeweils für einen selbst und für das Miteinandersein ergeben mag. Man wird bewirtet, wie's eben kommt.[6] Und: man kann

---

[5] Ich finde es bemerkenswert, daß diese »nicht-physischen« Räume fast keinen Eingang in die philosophischen Raumkonzeptionen und -konstruktionen gefunden haben.

[6] Eine Strophe aus Brechts *Lied vom Kelch* bringt die Gastfreundschaft von der anderen Seite aus zum Ausdruck:
Referenzen brauchst du nicht
Ehre bringt nur Schaden
Hast ein' Nase im Gesicht
Und wirst schon geladen.

in diesem Raum nicht nur in Freiheit kommen und sein, sondern eben auch gehen: »Es wird Zeit für mich zu geh'n.«
Zu der Offenheit dieser abschiedlichen Weile gehört auch das Wissen darum, daß sie für den Abschiednehmenden eine andere Bedeutung hat als für die Zurückbleibenden. Die selbe Schwelle zeigt sich aus der je unterschiedlichen Hinsichtnahme als etwas durchaus Verschiedenes:

Für mich, der fortgeht,
Und für dich, der zurückbleibt,
Sind es zwei Herbste.

(Buson)[7]

*

In Gottfried Benns Gedicht *Aus Fernen, aus Reichen* lautet eine Strophe:

Ein Tag ist zu Ende,
die Reifen fortgebracht,
dann spielen noch zwei Hände
das Lied der Nacht,
vom Zimmer, wo die Tasten
den dunklen Laut verwehn,
sieht man das Meer und die Masten
hoch nach Norden gehn.

Sollst ein bissel freundlich sein
Witz und Auftrumpf brauchst du kein'
Iß dein' Käs und trink dein Bier
Und du bist willkommen hier
Und die 80 Heller.
[7] Auf dieses Haiku hat mich Lukas Trabert aufmerksam gemacht.

Auch hier – ich blende die Gesamtsituation des Gedichts aus – geht es um eine abschiedliche Weile. Ein Abend in einem Haus am Meer. Ein durchaus vergänglicher, scheinbar ganz dem Fluß der Zeit anheimgegebener Moment. Jemand – man konnotiert eine schöne Frau – läßt noch eine Nocturne erklingen. »*Noch*«, – die Töne verwehen, lösen sich gleichsam auf in den Abend. Das Noch schafft einen eigenen Raum verweilender Präsenz. Das Verlauten der Töne und ihr Verwehn in die Nacht bilden eine eigentümliche Weile, die sich, zugleich ganz hiesig, in die Weite des Meeres öffnet und den Blick den nach Norden gehenden Masten folgen läßt.

Es ist erstaunlich, wie Benn Abgeschlossenheit und Offenheit oder Öffnung in eines zu verdichten vermag. Ein Tag ist zu Ende. Eine abwärtsgehende Linie, das Zuende*sein* trägt noch das Zuende*gehen* in sich. Die Beschäftigungen und Spiele der wachen und hellen Zeit wurden weggeräumt. Vermutlich dämmert es. Doch ist da noch ein menschlicher Einsatz, ein Weiterspielen: das Lied der Nacht. Es gibt kaum etwas, das das verweilende Vergehen als solches deutlicher zum Ausdruck bringt als eine Melodie, eine Melodie, die verklingt und verweht, – und dabei dieses Vergehen zugleich zu einem irgendwie Bleibenden macht, das Verwehende je und je zurückhält. Hier, in diesem abendlichen Zimmer am Meer, erklingt und verklingt das Lied der Nacht, – doch die Schiffe gehen hoch nach Norden. Die Klänge verwehen und vergehen in einem Raum. Nicht einfach nur unmittelbar in dem Zimmer, in dem sie erklingen, vielmehr in dem weiten Raum, der Zimmer und Meer umfaßt. Der Zeit-Raum, in dem die Tasten angeschlagen werden und den dunklen, verwehenden Ton hervorbringen, ist zugleich der Zeit-Raum, durch den hindurch die Schiffe in die ferne Weite gehen. Der lange warme Sommertag nimmt Abschied. »Ein Tag ist zu Ende«.

*

Jeden Tag erfahren wir am Abend den Abschied des Tages.
»Eines langen Tages Reise in die Nacht.« (O'Neill) Und im
Herbst den Abschied des Sommers. Manchmal ist es, am
Abend oder im Herbst, ein Augenblick, in den sich das Aufhören, das doch zugleich ein Übergehen ist, zusammen-
zudrängen, jedenfalls uns evident zu werden scheint. Aber
manchmal gibt es da auch den langen, zögernden Moment.

Langsame Tage. Alles überwunden.
Und fragst du nicht, ob Ende, ob Beginn,
dann tragen dich vielleicht die Stunden
noch bis zum Juni mit den Rosen hin.
(Benn, *Letzter Frühling*)

Langsame Tage, Abschiedstage. Vergehende Zeit, doch die
Stunden verweilen noch, sie verrinnen nicht nur, sie tragen.
»Die Götter halten die Waage eine zögernde Stunde an.«[8] Es
ist nicht nur der Frühling, sondern das ganze Leben, das sich
seinem Ende nähert und damit die verbleibende Zeit zu
einem zwar offenen, doch in betontem Sinne begrenzten
Zeit-Raum werden läßt. »Alles überwunden«, – das bedeutet
wohl, daß das bisher gelebte Leben als ein abgeschlossenes
hinter dem Sprechenden liegt. Aber er lebt noch; er lebt in
einem eigenen Raum des vielleicht resignierten, vielleicht
abgeklärten Beisichselbstseins. Für diesen scheint es keine
Rolle mehr zu spielen, ob in ihm noch ein neuer Beginn möglich werden könnte oder ob er endgültig zum Ende führt. Zugleich aber ist er von einem »Vielleicht« durchstimmt. Kein
Vielleicht der Hoffnung, sondern ein Vielleicht der Gelassenheit, des Sicheinlassens auf die Weile des Noch-verweilens.

---

[8] Siehe oben S. 55 f.

121

Zur Je-weiligkeit von Inseln
in der Weite des Meeres

Inseln[1] – Augenblicke im Meer der Zeit, Orte im Meer des Raumes. Trotz ihrer Dauer durch die Zeiten hin und obgleich sie eine mehr oder weniger wechselvolle Geschichte gehabt haben mögen, können Inseln als je-weilige Ausschnitte aus Zeit und Raum erscheinen. Sie sind je ein kleineres oder größeres Stück Land, das umgrenzt ist von einer offenen Weite, der sie zugleich zugehören und nicht zugehören. Das Meer umgibt sie als ein Fremdes, Gegensätzliches, zuweilen Bedrohliches. Zugleich ist es, als setze die Weite selbst das Begrenzte aus sich heraus, gebe es frei in sein ganz eigenes Sein. Nicht die Dauer ist hier das, wogegen die Weile sich abgrenzt, sondern die Weite. Die Insel hat insofern etwas von einem Haus, dessen Geborgenheit und Intimität sich gegen das Außen und »die Welt« absetzt.[2]

Die Inseln sind durchweg Erhebungen des unsichtbaren, für gewöhnlich geheimnisvoll verborgen bleibenden Meeresbodens. Dieser trägt die unendlichen Fluten, zuweilen in unermeßlicher Tiefe; in unserer Vorstellung vom Meer und unserem Verhältnis zu ihm erscheint sein Grund als etwas Unbekanntes, Unermeßliches, Unheimliches, das die Götter gewöhnlich »gnädig bedecken«.[3] Zumeist sind es Teile der Erdkruste, Sedimentgestein, Korallenriffe, Vulkane oder vulkanische Ablagerungen, die unter den Wassern liegen, die vielleicht einstmals abgesunken sind oder umgekehrt auf ein

---

[1] Ich spreche im Folgenden nur von *Meeres*inseln.
[2] Zu dem Gegensatzpaar »Haus/Draußen« vgl. unten S. 151 ff.
[3] Schiller, *Der Taucher.*

Auftauchen warten.[4] Nur an ganz wenigen Stellen, so auf der Insel Leka vor der nordnorwegischen Küste, tritt der ursprüngliche Sockelgrund des Meeres durch ungeheure Faltung an die Oberfläche.[5] Im extremen Gegensatz dazu erscheinen gewisse Inseln wie ins Wasser hineingeworfen, auf ihm schwimmend, wie der Mythos es von der aus dem Schaum des Geschlechts von Zeus entstandenen Geburtsinsel der Aphrodite, Kythera, ganz im Süden der Peloponnes, erzählt.

Für unsere Wahrnehmung sind die Inseln ein Stück Land, das aus dem Meer herausschaut, *sich* über dieses und aus ihm heraus erhebt, — nicht wie der Punkt aus der Fläche, eher wie ein Augenblick aus der Dauer oder auch der Ort aus dem Raum. Die Gegensätzlichkeit der Insel-Weile zur Weite der See[6] ist gerade in der Zusammengehörigkeit beider eine tiefgreifende; Insel und Meer haben jedes ihr eigenes Leben, ihre eigene Dauer und ihren eigenen Verlauf, auch wenn die Insel ihrer unmittelbaren Bestimmung nach auf das sie umgebende Meer verweist.

Auf einer Insel zu sein, gibt das Gefühl einer *ausgedehnten Jeweiligkeit*, die in ihrem Hiersein einerseits unbekümmert ist um ihre Abgrenzung gegen anderes, die diese andererseits doch stets gegenwärtig hat. Die Zeit scheint still zu stehen, sagt man zuweilen; diesen Eindruck hat man besonders auf einer Insel. Ich war einmal auf Elafonisos im Süden der Peloponnes, als eine Beerdigung stattfinden sollte und die kleine Fähre in mehreren Fahrten die aus der Ferne ankommenden Trauernden vom Festland herüberbrachte.

---

[4] Siehe z. B. die Inseln von Hawaii, mit dem noch unterseeischen Vulkan L'ihi.

[5] Vgl. v. Verf., *Im Raum der Gelassenheit: die Innigkeit der Gegensätze*, 148, Anm. 2.

[6] Besonders sichtbar wird die Gegensätzlichkeit in dem Paradox, daß Inseln dann unbewohnbar sind, wenn sie im Angesicht der Weite der Wassermassen um sie herum »ohne Wasser« sind, d. h. keine Trinkwasserquellen haben.

Die gerade geschehende Weile auf der Insel, erfüllt vom lauten Klagegesang der Frauen, war gänzlich losgelöst vom Fortgang des Lebens »da drüben«. Sie war – für diesen Tag, so würde man wohl von außen sagen müssen – in eins gefallen mit dem Ereignis des Todes und der gemeinsam auf sich genommenen und zum lauten Ausdruck gebrachten Trauer. Sie war die reine Weile des Beerdigungsritus. Vielleicht läßt die Erfahrung des Todes eines geliebten Menschen immer für eine Weile aus der gewohnten Zeit herausfallen. Man ist wie benommen und »kann es noch nicht fassen«.[7]

Steht man auf einer Insel am Ufer des Meers, so ist die Empfindung eine andere als am Strand auf dem Festland. Die Wasser und Wellen sind da nicht so sehr vor uns, sie erstrecken sich nicht in die sich vor uns verlierende Ferne, sondern sie umgeben uns, wir erfahren uns als aus ihnen herausgesetzt bzw. in sie hineingehalten. Das Meer ist alles, die Insel – wie der Mensch auf ihr – ist nichts, ein kleines Nichts gegenüber der überwältigenden Größe. Der Mensch am Strand wiederholt bzw. repräsentiert die Vereinzelung der Insel im Ozean des Raumes. Das Wort »isoliert« bedeutet ursprünglich »inselartig«, »zur Insel gemacht«. Caspar David Friedrichs »Mönch am Meer« könnte, so scheint mir, das Insel-Gefühl äußerster Einsamkeit wiedergeben,[8] wobei auf diesem Bild zur Weite des Meeres die noch größere Weite des Himmels hinzukommt.[9] Die »einsame Insel«[10] ist ein ei-

---

[7] Vgl. oben S. 57 die Formulierung aus einem Nachruf: »Der große Zeiger steht noch eine zögernde Weile still, bevor – unbegreiflich – das Leben weitergeht.«

[8] In der Tat gibt es Vermutungen, daß dieses Bild auf Rügen gemalt worden ist.

[9] Der Maler selbst schreibt dazu: »Tief zwar sind deine Fußstapfen am öden sandigen Strandte; doch ein leiser Wind weht darüber hin, und deine Spuhr wird nicht mehr gesehen: Thörigter Mensch voll eitlem Dünkel!«

[10] Einsame, abgelegene, unbewohnte Inseln werden als besondere Urlaubsorte angeboten!

gener Topos für eine Gegend, die frei von allen menschlichen Bindungen und Verpflichtungen und eben darum uraltes Sehnsuchtsziel ist. Es ist merkwürdig, wie sehr Insel und Einsamkeit zusammenzugehören scheinen,[11] obgleich es doch durchaus dichtbevölkerte Inseln gibt – Manhattan ist eine Insel!

Insofern die Insel losgelöst von dem sie umgebenden Element ist – man spricht darum auch von Biosphären, U-Booten, Weltraumkapseln u. ä. als »Inseln« –, kann sie auch, wie anfangs gesagt, als Bild für ein überschaubares Stück im Ozean der Zeit, also für eine *Weile* fungieren, obgleich diese eine »Zeitspanne von unbestimmter Dauer« (Duden) ist, während die Insel sich wesentlich gegenüber der umgebenden Weite abgrenzt. Ihre Grenzen sind keine linearen, keine die Vergangenheit von einer Zukunft trennenden, überhaupt keine Stufen oder Schritte markierenden Grenzen. Vielmehr sind sie wie die Grenzen, die ganz allgemein etwas als es selbst herauszeichnen aus dem es umgebenden Nichts.

Merkwürdigerweise – oder auch bezeichnenderweise – erscheinen die Inseln besonders dann als einzelne Weilen, als Je-weiligkeiten, wenn sie im Plural da sind. Eine Pluralität, die wir etwa erfahren, indem wir hinüberschauen zu anderen Inseln, die bei klarer Sicht und am Abend im tiefstehenden und seltsam enthüllenden Licht der untergehenden Sonne schattenhaft auftauchen mögen. So sieht man am Tag auf der Kabiren-Insel Samothrake in den unterschiedlichen Richtungen ganz in der Ferne Silhouetten auftauchen, – verschiedener Inseln und auch des Festlands. Am Abend geht die Sonne oftmals rot hinter Thasos unter, und etwas

---

[11] »Ein anderes Beispiel für die Einsamkeit ist die Insel. Wohin man auch seinen Blick wendet, man trifft immer auf die eignen Fußstapfen, der Insulaner hat das Gefühl der Begrenzung, der Abgeschiedenheit.« (Jean Grenier, *Die Inseln*, Annex 1: *Die Einsamkeit*, 114)

weiter südlich zeichnet sich schwach am Horizont für eine Weile der heilige Berg Athos ab. Die einzelnen Inseln sind wie im Gespräch miteinander, über die Weite der Fluten hinweg. Ein solches Gespräch kann ganz unterschiedlicher Art sein. Ist es in der Ägäis ein ruhiges, vertrautes Sprechen, vielleicht mit langen Pausen und mit Ernsthaftigkeit, manchmal auch in vulkanischem Aufbrausen, so ist es z. B. zwischen den kleinen, mal flachen, mal felsigen Inseln und Schären Norwegens eher ein munteres Geplauder, ein Hin- und Herrufen, über schmale Abstände, im Spiel von Ebbe und Flut ihre Farbe wechselnde Sunde hinweg. Ich meine, jeweils kann man es ein Gespräch von Weile zu Weile nennen. Denn jede dieser vielfältigen Weilen hat ihre besondere Zeit neben den anderen, in einem nicht ausmeßbaren Nebeneinander, dem keine gemeinsame Zeitskala zugrundeliegt.

Besonders deutlich wird dieser je differente Weile-Charakter der verschiedenen Inseln, wenn nicht auf einer verharrt, sondern eine an die andere gereiht wird. Jeder einzelne Inselaufenthalt stellt auf einer solchen Reise eine ausgesparte Weile innerhalb eines ganzen Zeitraumes dar. Vielleicht erlaubt es überhaupt nur die Pluralität hier von je der Weile eines Verweilens zu sprechen. Wie bei dem Besuch der verschiedenen Planeten, die *der kleine Prinz* aufsuchte, als er seine Rose verließ, und die, bis hin zur Erde selbst, auch als eine Art Inseln im Weltraum verstanden werden können, hat jeder einzelne Aufenthalt seine eigene Zeit, die unabhängig von den übrigen Zeiten und an ihnen nicht zu messen ist. Die unterschiedliche Größe der Asteroiden bemißt sich zwar nach etwas Zeitlichem, nämlich der Zahl der Sonnenuntergänge, die auf ihnen beobachtbar sind, wenn man sich nicht mit ihnen mitbewegt. Aber gerade diese letztere Einschränkung zeigt, daß es sich hier einerseits nicht um ein festes Richtmaß handelt und daß diese Weile zwischen Sonnenuntergang und Sonnenuntergang andererseits nichts mit der ablaufenden, vergehenden Zeit zu tun hat.

So ist auch jede Insel-Episode der großen Heimfahrt des Odysseus durch ihre eigene Weile, ihren eigenen Zeitcharakter geprägt, sie nimmt ihren eigenen Zeit-Raum ein.[12] Doch jede einzelne ist zugleich nur *eine* Etappe der gesamten »Reise«. Deren unterschiedliche Weilen sind je ganz verschiedener Art. Eine besondere Bedeutung haben die beiden großen Aufenthalte auf den Inseln Ääa und Ogygia, bei Kirke und bei Kalypso. Hier blieb Odysseus jeweils »eine ganze Weile«, ein Jahr bei der ersten, sieben Jahre bei der zweiten.

Das Jahr im Palast der zunächst sehr bedrohlich und »böse« erscheinenden Kirke war *kurzweilig* für ihn, er hat es offenbar genossen. Jedenfalls mußten ihn die Gefährten schließlich zur Weiterfahrt drängen. Er besteigt mit der Zauberin »das köstlich bereitete Lager« (X, 347), noch bevor er sich baden und salben läßt, und noch bevor seine zu Schweinen verzauberten Gefährten ihre menschliche Gestalt zurückbekommen. »Und wir saßen ein ganzes Jahr, von Tag zu Tage an der Fülle des Fleisches und süßen Weines uns labend«, bis die Freunde ihn mahnen: »Unglückseliger, denke nun endlich des Vaterlandes«. (467 ff.)

In der »schön gewölbten Grotte« der Kalypso verweilt Odysseus dagegen die meiste Zeit wider Willen. Die »schöngelockte, die furchtbare Göttin«, wie er sie später nennt, wird offenbar von allen Göttern und Menschen gemieden. Doch

---

[12] Die zehnjährige Zeit der Heimreise des Odysseus ist ein Raum, den er, von Weile zu Weile, durchirrt. Den Wochen, den Monaten und den Jahren entsprechen Räume und Orte, durch die ihn die Winde und die Strömungen treiben, in und an denen ihn die Windstille oder der widrige Ratschluß der Götter zu verweilen zwingt. Was in diesem Buch andernorts eine eigene, gewissermaßen über die unmittelbaren Phänomene hinausgehende Einsicht war, daß nämlich die Zeit auch ein Raum oder wie ein Raum ist oder Raum wird, diese teilweise Übereinkunft von Zeit und Raum gewinnt im Geschehen der Odyssee unmittelbare sinnliche Evidenz.

wird er »wie ein Gott« verpflegt und erhält »ambrosische Kleider«, Kalypso verspricht ihm »Unsterblichkeit und nimmerverblühende Jugend« (vgl. VII, 255 ff.). Sein »standhaftes Herz« bleibt aber über sieben Jahre hinweg auf Heimkehr und damit auf seine angestammte Identität als König von Ithaka gerichtet. Jammernd und weinend sitzt er am Strand und schaut in die Ferne, – bis Zeus schließlich, durch Athenas Bitten bewegt, Kalypso befiehlt, ihm die Rückkehr zu ermöglichen, indem sie ihn ein Floß bauen läßt. Die sieben Jahre sind für Odysseus zu einer lästig *langen Weile* geworden. Man kann sich gut vorstellen, daß ihn hier, wo er keine Gefährten, sondern nur Kalypso, die ihren anfänglichen Reiz für ihn verloren hatte, um sich sah, neben der Sehnsucht nach der Heimat auch die *Langeweile* plagte.

Ansonsten waren Odysseus' Aufenthalte auf den Inseln von kurzer Dauer. Die Schiffe – und später Odysseus allein – blieben meist nur so lange an Land,[13] wie es für die Lageerkundung und die Rüstung zur Weiterfahrt erforderlich war; es galt zudem, von besonderen Strapazen auszuruhen, Proviant aufzunehmen, um günstige Winde zu flehen, zu erkunden, ob kurze Gastfreundschaft, evtl. mit Gastgeschenken, zu erwarten war. Zu einer eigenen Weile wurden diese Aufenthalte nur, wenn sie durch ein spezifisches Geschehen gekennzeichnet waren, das ihnen ihre eigene, aus dem übrigen sich heraushebende Bedeutung gab. Der Besuch bei den Lotophagen wird nur für die Kundschafter, die von dem süßen Lotos gekostet haben und sich zu einem Bleiben verführt sahen, im Nachhinein als eine Weile erfahren worden sein, – auch wenn sie im Erleben selbst dem reflexionslosen Glück eines auf alle Ziele verzichtenden Vergessens anheimfielen;

---

[13] Viele, wenn nicht die meisten der Ankerplätze waren *Inseln:* Dscherba, Ustica, Korsika, die Galli-Inseln (früher: Sirenusae), Malta und Korfu, – wenn man der Rekonstruktion der Reiseroute von Ernle Bradford Glauben schenken will.

für Odysseus, der zur Heimfahrt drängte, war er wohl eine bloß vorübergehende Episode.[14]

Ob man von einer *Weile* der Vorbeifahrt an den Sirenen sprechen könnte, ist wohl fraglich.[15] »Plötzlich ruhte der Wind; von heiterer Bläue des Himmels glänzte die stille See; ein Himmlischer senkte die Wasser.« Die Sirenen erblicken das Schiff – nicht umgekehrt – und singen »voll Anmut«. Die himmlische Windstille, der herüberwehende anmutige Gesang, das leise Verklingen könnten auf ein wunderbares, kürzer oder länger andauerndes Verweilen verweisen, nach dem man »vergnügt und weiser wie vormals« von hinnen geht. Wir wissen, daß es nicht so war, daß es sich um eine Begegnung handelte, die keine Begegnung sein durfte.[16]

Die Vorüberfahrt des zum eigenen Schutz an den Mast Gebundenen durfte zu keinem Verweilen werden. Ich kenne auch keine Erzählungen aus der nachhomerischen Literatur, die sich Phantasien darüber überlassen hätten, was geschehen wäre, wenn die Aussagen der Sirenen über ihre Insel tatsächlich wahr gewesen wären und Odysseus ihren Verlockungen gefolgt wäre. Vielleicht war die Bedrohung durch das Versprechen unmittelbaren sinnlichen Genusses im Verweilen zu real und zu nah, als daß die Sireneninsel sich in die große Reihe der utopischen Inseln hätte einreihen lassen.

---

[14] Zur Lotophagen-Episode vgl. v. Verf. *Das Glück der Lotophagen.*

[15] Im Zusammenhang einer kritischen Beschäftigung mit dem überlieferten Gegensatz von Sinnlichkeit und Verstand bin ich mehrfach ausführlicher auf die Sirenen-Geschichte eingegangen. Vgl. *Odysseus und die Sirenen.* Zu Odysseus' Verhältnis zu den Sirenen, zu Kalypso und Kirke vgl. im übrigen auch *Odysseus und die Frauen – die Frauen und Odysseus,* 60–93, bes. 68 f.

[16] Interessanterweise fehlt in der Beschreibung der Vorüberfahrt jede optische Erinnerung an die Sirenen selbst und an ihre Insel. Aber die Situation wird dennoch ganz präsent: Kein Triumph, sondern eine leichte Wehmut klingt in Odysseus' Worten nach: »Also steuerten wir den Sirenen vorüber; und leiser, immer leiser verhallten der Singenden Lied und Stimme.« (168 f., 192, 197 f.)

Von den Inseln der Seligen der griechischen Mythologie über Platons Atlantis oder die Insel der Hyperboreer führt eine lange Linie bis hin zu Thomas Morus' Utopia und Campanellas Sonnenstaat: immer handelt es sich um Inseln, die durch ihre Ferne und damit ihre Trennung von der gewohnten Welt eine Gewähr für ungestörtes Glück und friedvolles Zusammenleben bieten sollen. Ihrem Inselcharakter gemäß befinden sie sich in einer Weite des Unbestimmten und Unzugänglichen. Wer auf ihnen verweilt, fällt für die Weile des Verweilens aus dem verderblichen Verlauf der gewohnten Zeit.

Unbestimmte Weite und
lange Weile des Alters

Weite Räume, lange Weilen. Weit und lang, weil scheinbar nicht erfüllt, scheinbar leer. Kaum etwas zu erfahren. In weiten Räumen und langen Weilen fehlen die Grenzen, die Eingrenzungen und Ausgrenzungen, die Ausmessungen. Dabei ist die Grenzenlosigkeit eine innere wie äußere. Die Weite und die Weile reichen nicht von einem Grenzpunkt zum anderen, und innerhalb ihrer gibt es keine Grenzpfähle und -zäune. Sie sind offen für fließend geschehende Orte und Perioden.

*

Das Alter – Abend oder Herbst des Lebens – kann ein Raum mit als lang empfundener Weile sein. Oftmals wird er als schmerzende Last erfahren.[1] Sein weiter Raum erscheint als eine unausgefüllte Leere, die lange Weile kann zur Langewei-

---

[1] Zumal wenn das Alter durch Krankheit belastet ist. Seine gesellschaftliche Einschätzung ist heute eine vorwiegend negative. Zwar ist es natürlich gesellschaftlich erfreulich, daß es heute immer mehr Alte gibt, gleichwohl bleiben die Alten weitgehend eine Gruppe, die gewissermaßen außerhalb der »normalen« Gemeinschaft steht. Deutlich wird diese Absurdität etwa an folgender Bemerkung von Foucault. In seinem Aufsatz *Andere Räume* (40 f.) erwähnt er die Alten als »Individuen, deren Verhalten abweichend ist im Verhältnis zur Norm«. Die Orte, in denen sie untergebracht werden, stellen für ihn darum Beispiele einer Mittelstellung zwischen »Krisenheterotopien« (»privilegierte oder geheiligte oder verbotene Orte, die Individuen vorbehalten sind, welche sich im Verhältnis zur Gesellschaft und inmitten ihrer menschlichen Umwelt in einem Krisenzustand befinden: die Heranwachsenden, die menstruierenden Frauen, die Frauen im Wochenbett, die Alten usw.«) und »Abweichungsheterotopien« dar: »denn das Alter ist eine Krise, aber auch eine

le werden. Weite und Weile sind fade, weil nichts mehr zu geschehen scheint.[2] Die Erinnerungen verblassen oder verwischen sich. Nahe und fernere Weggefährten sterben und lassen den Über-lebenden einsam werden. Es bleibt nichts zu tun; das Leben, das reiche, bunte, erfüllte Leben liegt unwiederbringbar zurück und außerhalb des Bereichs eines eigenen Zugriffs oder auch nur Interesses.

In der Tat gehört das Nichtstun, die Muße, zu den natürlichen Kennzeichen des Altseins. Die Pflichten und Anforderungen des täglichen Lebens nehmen ab, und die eigenen Kräfte und Antriebe lassen nach. Die Alten auf der Bank vor dem Haus oder vor der Kirche – in früheren Zeiten auf der Ofenbank – sind ein Topos aus vergangenen Tagen. Viele Beschäftigungen, die einstmals den Tag der Alten ausfüllten, wie das Spinnen, das Schnitzen, das Geschichtenerzählen, sind heute weitgehend verlorengegangen.

Laotse sagt: »Beim Nichtstun bleibt nichts ungetan.« Dies ist offenbar ein anderes Nichtstun als das des als Last empfundenen Altseins. Es ist ein Nichtstun, das erst zu lernen und einzuüben ist. Das »Tun ohne Tun« (wu wei)[3] und

---

Abweichung, da in unserer Gesellschaft, wo die Freiheit die Regel ist, der Müßiggang eine Art Abweichung ist.«

[2] Theodorakis hat in einem (von Milva gesungenen) Lied mit dem Titel *Vater* dieser Fadheit ergreifenden Ausdruck gegeben. Die erste Strophe lautet:
Er sitzt da
und ihm schmeckt nichts
weil er nichts schmeckt
und er darf nicht mehr an den Wein.
Immerzu nickt er ein
weil ihn nichts mehr weckt.
Draußen lebt – weit weg – die Welt
Er sitzt da
auf seinem Stuhl und er verfällt.

[3] Vgl. Günter Wohlfart, *Kunst ohne Kunst:* »ein Tun ohne Tun, d.h. eine passive Aktivität, eine rezeptive Spontaneität, eine auf die Sache eingelassene Gelassenheit.« (139)

das »von selbst so« (ziran) des Taoismus beziehen sich zwar nicht auf eine bestimmte Phase des Lebens, sondern kennzeichnen eine Haltung des guten, sich in Gelassenheit und Geschehenlassen selbsterfüllenden Lebens überhaupt. Doch ich denke, im Alter kann diese ihre besondere Bedeutung und Angemessenheit zeigen. Wo das gelassene Nichtstun in früheren Lebensjahren gelernt werden mußte, fällt es dem alt Gewordenen von selbst zu, – wenn er dafür bereit ist, es produktiv geschehen zu lassen. Die Weite und die Weile des Alters geben Raum für ein aktives Nichtstun. Seine Weite ist als solche nicht vollgestellt mit Wegzeichen, wie zu gehen ist, mit Hindernissen, die zu nehmen, mit Strecken, die hinter sich zu bringen sind. Und seine Weile kennt keine Eile mehr, keine Termine und Zeitmaße, die die Bewegungen vorschreiben, keine Ziele, die erreicht werden müßten; sie läßt sich nicht bestimmen von dem her, was vor ihr war, oder dem, was auf sie folgen wird. Ist man alt geworden, so hat man all das – zum Teil aufgrund der Lebensumstände und des wachsenden Unvermögens, zum Teil auch aus freien Stücken – hinter sich gelassen. So kann man aufmerksamer werden für die leisen Töne, die ruhigen Bewegungen, die sanften Farben, man kann an Wachheit gewinnen.

Die spontane Rezeptivität, das gelassene, aber wache Hinnehmen dessen, was sich den Blicken darbietet, läßt sich durch eine zunehmende *Stille* kennzeichnen. Sie, die immer schon da ist, wird im Alter bewußter in das eigene Leben eingelassen, man öffnet das Ohr für sie. Eichendorff hat diese Stille in dem schönen Gedicht *Im Alter* zur Sprache gebracht:

Wie wird nun alles so stille wieder!
So war mir's oft in der Kinderzeit,
Die Bäche gehen rauschend nieder
Durch die dämmernde Einsamkeit,

Kaum noch hört man einen Hirten singen,
Aus allen Dörfern, Schluchten weit
Die Abendglocken herüberklingen,
Versunken nun mit Lust und Leid
Die Täler, die noch einmal blitzen,
Nur hinter dem stillen Walde weit
Noch Abendröte an den Bergesspitzen,
Wie Morgenrot der Ewigkeit.

Das Gedicht atmet stille Weite und Weile. Das Adjektiv
»weit« begegnet zweimal: Die Abendglocken lassen sich weit
durch die Landschaft hören; die Klänge vom fernen Kirch-
turm und das leise Verklingen eines Hirtenlieds scheinen die
Stille noch zu vertiefen und gerade damit die Weite selbst
hörbar zu machen. Und weit in der Ferne sieht man noch
das letzte Verglühen des Sonnenlichts über den Berggipfeln.
Wie die Täler tauchen die vergangene Lust und das vergangene Leid ins Dunkel der Unsichtbarkeit und des Vergessens ab.

*

In überstarkem Kontrast stelle ich dem ein Gedicht von Gottfried Benn, in dem die Worte »letzter«, »überwunden« und
»noch« ausdrücklich auf das Alter verweisen, an die Seite:

Letzter Frühling

Nimm die Forsythien tief in dich hinein
und wenn der Flieder kommt, vermisch auch diesen
mit deinem Blut und Glück und Elendsein,
dem dunklen Grund, auf den du angewiesen.

Langsame Tage. Alles überwunden.
Und fragst du nicht, ob Ende, ob Beginn,

dann tragen dich vielleicht die Stunden
noch bis zum Juni mit den Rosen hin.

Auch hier eine Stille. Aber nicht die Stille des Abends, der
Erinnerung, des Versinkens von Vergangenem, des in sich
gestillten Aufhörens des Lebens wie des Tages, – vor dem
das Empfinden als solches unwichtig zu werden scheint, weil
die Ewigkeit sich ankündigt. Vielmehr ist die Stimmung geprägt durch ein bewußtes Erfahren und Erleben, das Abschiednehmen bleibt unausdrücklich im Hintergrund. Glück
und Elendsein – »Lust und Leid« – werden hier gerade evoziert, um das Nochdasein im Hier und Jetzt und Selbst auszukosten, so tief es geht. »Langsame Tage«. Sie bilden mit
dem Überwundenhaben sowohl eine Entsprechung wie einen
Widerspruch zu der Aufforderung der ersten Strophe, in der
durch die Hineinnahme des Frühlingsblühens einerseits das
Ephemere und durch den »dunklen Grund« des Leiblichen
und des Seelischen andererseits das bleibend Tiefe verknüpft
werden.[4]

Die langsamen Tage sind eine unbestimmte Weile. Man
hält sich in ihnen auf, durch-lebt sie, weilt und verweilt in
ihnen. Man fragt nicht nach Anfang und Ende, die Vergangenheit ist ein zurückgelassener Raum, in den man manchmal zurückschaut, vielleicht auch für eine kleine Weile
zurücktritt, aber unbekümmert um das, was sie damals aus-
machte und was jedenfalls heute irrelevant geworden ist und
keinen Beginn für Gegenwärtiges mehr darstellen will und
kann. Und die Zukunft? Das, was auf uns zukommt? Das
Ende? Gelassenheit auch dem gegenüber: wie es ist, so ist es,
und was kommt, das wird kommen. Die Weile der langsamen
Tage *will* nichts Neues mehr zustande- und nichts Altes

---

[4] Man beachte: F̲rühling, F̲orsythien, F̲lieder – Blut dunkel, Grund – langsam,
Tage, alles.

mehr zu Ende bringen, – selbst wenn das eine oder das andere »von sich aus« noch geschehen mag. Das Alter ist häufig eine Zeit der Selbstbesinnung. Es ist bemerkenswert, wie viele alte Menschen sich gedrängt sehen, ihre Memoiren zu schreiben. Oftmals liegt das daran, daß man im Alter auf das Erlebte und Gelebte zurückschaut als auf einen Besitz, den man zwar nicht mehr erweitern und nicht mehr verändern kann, den man aber im Rückblick als ganzen zu beurteilen und einzuschätzen und der Um- und Nachwelt mitzuteilen versucht. Benn hält sich in diesem Gedicht fern von der Befragung des gelebten Lebens im Hinblick auf seine Möglichkeiten und Verunmöglichungen. Doch atmet es zugleich eine starke Zuwendung zum Selbst, zu einem Selbst allerdings, das sich und sein Blut vom Flieder bestimmen, fast imprägnieren läßt und das dann, frei von aller subjekthaften Selbst-Bestimmung, von der geschehenden Zeit weitergetragen wird.

»[D]ann tragen dich vielleicht die Stunden noch bis zum Juni mit den Rosen hin.« Das öffnet eine tröstliche Weite. Die Stunden der langsamen Tage tragen dich. Wer weiß, wie weit. Vielleicht bis zum Ende des späten Frühlings, zum Juni und zu seinen Rosen. Vielleicht auch noch weiter. Vielleicht: »und Schmetterlinge, März bis Sommerende, das wird noch lange sein.« [5]

*

[5] Auch in dem Gedicht, aus dem diese beiden Zeilen stammen, ist vom Tragen bzw. Getragenwerden die Rede:

Das du dir trugst, dies Bild, halb Wahn, halb Wende,
das trägt sich selbst, du mußt nicht bange sein
und Schmetterlinge, März bis Sommerende,
das wird noch lange sein. (*Epilog 1949*, III)

Mispelblüten, –
wie das Wasser
fließen die Tage des Alters dahin.
(Shisui)

Ruhig ist mein Alter.
Regenzeit, – und ich hüte
die Glut im Kohlenbecken.
(Atsushi)

Ein Regentag –
der zerbrochenen Kürbisflasche
erzähl ich von alten Zeiten.
(Ryôkan)

Ein Vogel in den Wolken. –
Seltsam alt fühle ich mich
in diesem Herbst!
(Bashô)

Geräusch der Wellen,
mal fern, mal nah –
wieviel Lebenszeit bleibt mir noch?
(Santôka)

Es regnet und regnet,
Tag für Tag –
ich werde alt …
(Ryôkan)

In all diesen Gedichten habe ich bei der Übersetzung einen
Gedankenstrich gesetzt. In zahlreichen Haiku kann der Gedankenstrich – ein gewisses Äquivalent für die lautlosen Sil-
ben im Japanischen, die eine Art Freizeichen bedeuten (kireji)

– ein Zeichen für Weite und Weile sein. Er lädt die Gedanken dazu ein, sich Zeit zu nehmen, um sich einzulassen in das, was sich aus dem Raum, der sich zum Gedankenstrich hin öffnet, oder aus dem, der auf ihn folgt, an Eigenem ergeben mag.

Die Mispelblüten und der Flug des Vogels haben beide von sich her nichts mit der Erfahrung des Alters zu tun. Gleichwohl bilden sie so etwas wie einen Kristallisationspunkt oder einen Fokus, der einmal das ruhige Dahinfließen der langsamen Tage, das andere Mal das merkwürdige Gefühl des Altwerdens eindrücklich werden läßt. Da besteht keine Kausalität, vielmehr eine gänzlich unbegründete, einfach sich ergebende, einfach geschehende Evokation. An dem bzw. gegenüber dem angesprochenen Besonderen eröffnet sich wie blitzartig eine jeweilige Erfahrung des Altwerdens.

Merkwürdig oft scheint der Regen einen Bezug zum Gefühl des Alters herzustellen. Sein stetes Fallen – insbesondere dessen eintöniges Geräusch – bildet so etwas wie einen ruhigen, »stillen« Stimmungsraum, in den der Alternde wie eingehüllt erscheint. Dort sitzt er nun, in stiller Zweisamkeit mit seiner Kürbisflasche, der er ganz gleichmütig von längst Vergangenem erzählt, wodurch sich sein Lebensfunke flakkernd am Glühen erhält. Der Regen mag einerseits als Zeichen des Herbstes auf das Zu-Ende-gehen und damit das Alter verweisen. Doch vor allem ist es wohl seine Gleichförmigkeit, dieser Charakter eines allgemein Durchdringenden, teilweise Verhüllenden, Verschleiernden, was an das Alter gemahnt. Er bringt für eine unbestimmte Weile die Weite selbst zu Gesicht.

Der Schild des Achill (Ilias)

Es gibt eine Passage in der *Ilias*, die eine merkwürdige Verknüpfung von Zeitlichem und Räumlichem impliziert: die Darstellung der Herstellung des Schildes – bzw. dieses Schildes selbst –, den Thetis, die göttliche Mutter des Achill, bei Hephaistos für den Schicksalskampf ihres Sohnes gegen Hector erbittet. Die Erzählung ihres Besuchs bei dem Feuer- und Schmiedegott umfaßt ca. 250 Verse; das Hauptaugenmerk liegt auf eben jener Schilderung.[1]

Die *Ilias* besteht aus einer Fülle von einzelnen Erzählungen, Episoden, Schilderungen, die in einem kunstvoll gewirkten Nebeneinander das Gesamtgebilde des Epos ausmachen. Homers Geschichte vom Trojanischen Krieg – auch wenn sie im Ganzen nur die Geschehnisse einer fest umrissenen Zeitspanne von 51 Tagen innerhalb des neunjährigen Kampfes um Troja wiedergibt und um *ein* Grundthema, das Schicksal des Achilles, kreist – schildert nicht lediglich die Abfolge der kriegerischen Auseinandersetzungen, sondern setzt sich darüber hinaus aus mannigfach ineinander verschränkten, nebeneinanderliegenden Ereignissen, Verbindungen, Genealogien usw. zusammen. Das Erzählte liegt auf unterschiedlichen Ebenen, gehört oftmals in ganz disparate Zusammenhänge, die nicht einfach in ihrem Nacheinander aufgereiht werden können. Jede dieser »Geschichten« – etwa über frühere Episoden aus dem Leben der Helden selbst oder ihrer Vorväter, über vergangene Taten und aktuelle Diskussionen

---

[1] Achtzehnter Gesang, 369–616. Die Beschreibung der eigentlichen Herstellung des Schildes umfaßt die Verse 487–607.

der Göttinnen und Götter – nimmt ihren eigenen, je-weiligen Zeitraum innerhalb des Geflechts des Ganzen ein. Ein Patchwork von Bildern wird zu einem Ganzen zusammengestellt, – weniger in der Art eines vor uns ablaufenden Films als vielmehr in der Weise der Darbietung eines großangelegten Gemäldes.

So stellt auch die Erzählung von dem überaus kunstvollen Schild, den Hephaistos in einer einzigen Nacht auf seinem Amboß schmiedet, ein in sich abgeschlossenes Stück innerhalb der Gesamterzählung dar.[2] Noch abgesehen von der im Folgenden zu zeigenden Besonderheit ihres Zeit-Raum-Verhältnisses zeichnet die Schilderung sich dadurch aus, daß sie gleichsam eine *ausgesparte Weile* in einem ausgesprochen dramatischen Moment der Gesamthandlung, nämlich der Nacht vor dem entscheidenden Kampf zwischen Achill und Hector darstellt. Es ist, als stockte dem Dichter der Atem bzw. als hielte er den Atem an, als verweilte er an sich haltend, bevor das Ereignis eintritt, das den Höhe- und Zielpunkt des ganzen Epos bildet.

Es wird berichtet, wie der Gott in einer Folge von fünf Bildräumen[3] ein Abbild des gesamten Kosmos und der menschlichen Lebenswelten schafft.[4] Zwischen den beiden

---

[2] Vgl. zum Folgenden Luca Giuliani, *Bild und Mythos: Geschichte der Bilderzählung in der griechischen Kunst.*

[3] Es ist nicht sicher, wie Homer sich die Anordnung der Räume nebeneinander vorgestellt hat. Manches spricht dafür, daß es sich um konzentrische Bildflächen handeln sollte, mit der fünften, die den Okeanos zeigte, als der äußersten.

[4] Ich lasse bei meinen Überlegungen ganz außer Acht, daß Homer die Darstellung der verschiedenen Bereiche menschlichen In-der-Welt-seins in überaus kunstvoller Weise eng verknüpft mit der Schilderung dessen, aus welchen unterschiedlichen Materialien der Schild hergestellt wurde. Vgl. z. B.: »Eine Herd' auch schuf er darauf hochhauptiger Rinder; / Einige waren aus Golde geformt, aus Zinne die andern./ Laut mit Gebrüll vom Hof enteilten sie ... / Aber goldene Hirten begleiteten emsig die Rinder« (573 ff.). Das Brüllen der Rinder und das Geleiten auf die Weide stehen in der Schilderung auf der ge-

Grenzbildern der physischen Welt mit Erde, Meer und Himmel und seinen Gestirnen bis hin zu einzelnen Sternbildern[5] auf der einen und des Okeanos, der Ursprung und Grenze der Welt ist, auf der anderen Seite finden sich Darstellungen der wesentlichen Sphären menschlichen Daseins. In zwei Städten ist das Leben in Friedens- und Kriegszeit dargestellt, – Hochzeitsfeier, Volks- und Gerichtsversammlung in der einen, Belagerung mit Ausfall, Hinterhalt und grausamer Schlacht in der anderen. Sodann folgt drittens die bildliche Schilderung der landwirtschaftlichen Tätigkeiten auf den Feldern, im Weinbau und bei der Weinlese, wobei ein besonderes Augenmerk dem lebhaft und bunt erzählten Tun in freudiger Gemeinsamkeit gilt. Darauf wird eine Rinderherde gezeigt – mit der dramatischen Schilderung eines Löwenangriffs – sowie eine Schafherde in einem »anmutigen Tal«. Die menschlichen Handlungen gipfeln schließlich im vierten Bild in einer heiteren Tanzveranstaltung mit Gesang. Es folgt, wie gesagt, die Darstellung des Okeanos.

Zeit und Raum gehen bei dieser Erzählung der Entstehung und des kunstvollen Aussehens des Schildes eine mehrfache bemerkenswerte Verbindung ein. Der literarische Text, die Erzählung vom Krieg vor Troja, schildert im Ganzen etwas, das sich in der Zeit abspielt. Er ist zudem selbst etwas Zeitliches, hat ein Früher und Später, Vorher und Nachher, einen Beginn und ein Ende des Erzählens. Bei dem Bericht über den Schild geht es Homer einerseits um den Prozeß der Herstellung: »Zuerst nun formt er ...«, »Drauf schuf er ...«,

---

nau gleichen Ebene wie das Geschaffensein aus Gold oder sogar das »Goldensein« der Hirten. Oder in anderer Verknüpfung: »Aber es dunkelte hinten das Land, und geackertem ähnlich / Schien es, obgleich von Gold; so wunderbar hatt' er es bereitet.« (548 f.)

[5] Homer sagt zwar, »alle Sterne«, sie sind dann aber durch bestimmte Sternbilder – Plejaden, Hyaden, Orion, große Bärin (»die sonst der Himmelswagen genannt wird«) – repräsentiert.

»Weiter schuf er darauf ...« usw.[6] Andererseits handelt es sich bei der Nachzeichnung des auf dem Schild Abgebildeten um verschiedene Momente von sich zeitlich abspielendem Geschehen – z. B. bei der Schilderung der friedlichen Stadt das Spazieren der singenden Bräute durch die Straßen, das Tanzen der Jünglinge, das bewundernde Zuschauen der Frauen[7], der Ablauf des Streits in der Volksversammlung und seine Schlichtung bzw. die Urteilssprechung.

An sich können auch Bewegungen und Handlungen im dreidimensionalen Raum in der Zweidimensionalität von Bildern wiedergegeben werden, z. B. indem sie – abgesehen vom sequentiellen Malen von Szenenfolgen – im jeweiligen Augenblick gewissermaßen *eingefangen* werden, in einer Geste, der Haltung des Körpers, der Blickrichtung der dargestellten Personen, im Lichteinfall, oder auch in den Wegrichtungen oder der Lokalisierung im Bild – z. B. des Pfeils zwischen Bogen und Ziel – und in unendlich vielen anderen

---

[6] Lessing schreibt in *Laokoon oder über die Grenzen der Malerei und Poesie* von dem »Homerischen Kunstgriff, das Koexistierende derselben [der körperlichen Gegenstände, hier des Schildes] in ein wirkliches Sukzessives zu verwandeln« (Kap. XVI), indem er dessen Herstellung nachzeichnet: »Homer malet nämlich das Schild nicht als ein fertiges vollendetes, sondern als ein werdendes Schild. Er hat also auch hier sich des gepriesenen Kunstgriffes bedienet, das Koexistierende seines Vorwurfs in ein Konsekutives zu verwandeln, und dadurch aus der langweiligen Malerei eines Körpers das lebendige Gemälde einer Handlung zu machen. Wir sehen nicht das Schild, sondern den göttlichen Meister, wie er das Schild verfertiget. Er tritt mit Hammer und Zange vor seinen Amboß, und nachdem er die Platten aus dem Gröbsten geschmiedet, schwellen die Bilder, die er zu dessen Auszierung bestimmt, vor unsern Augen, eines nach dem andern, unter seinen feinern Schlägen aus dem Erze hervor.« (XVIII) Vgl. auch: »Z. E. Will Homer uns den Wagen der Juno sehen lassen, so muß ihn Hebe vor unsern Augen Stück vor Stück zusammensetzen. Wir sehen die Räder, die Achsen, den Sitz, die Deichsel und Riemen und Stränge, nicht sowohl wie es beisammen ist, als wie es unter den Händen der Hebe zusammenkommt.« (XVI)

[7] Homer schreibt: »aber die Weiber / standen bewunderungsvoll, vor den Wohnungen jede betrachtend.« Ist darin nicht mitbeschrieben, wie sie neugierig aus der Tür treten und sich zu ihren Nachbarinnen wenden?

Weisen[8]. Die Schilderung der Stadt in Friedenszeiten bietet ein vielfältiges Geschehen in bunter Bewegung, mit Gehen und Stehen, Tanz und Gesang, das in einem großen Gemälde eingefangen werden kann. Jedoch muß die bildliche Schilderung dabei immer den einen Augenblick herausgreifen, auch wenn er Bewegtes wie Vergangenes und Künftiges in sich einbegreifen, wenn er als er selbst, mit seiner eigenen Bedeutungsaussage, zurück- und vorweisen soll.[9]

Weil bei der erzählenden Nachzeichnung des »Schildes des Achill« die bildlich-räumliche Darstellung von zeitlichen Abläufen auf betont anschauliche Weise geboten wird,[10] gilt diese Schilderung in der Literatur als klassisches Vorbild und Beispiel der *Ekphrasis*.[11] Die Schilderung vermittelt dem Leser bzw. Hörer eine lebhafte Vorstellung der Herstellung und des Aussehens des Schildes, so als hätte er das Ganze direkt vor Augen. »Ekphrastische Illusion versucht Raum und Zeit, das Visuelle und das Verbale zu verschmelzen und verbindet somit kaum darstellbare Gegensätze in sich.« »Dem Beschreibenden kommt dabei die Rolle zu, Bilder in Worte zu fassen, um sie dem Zuhörer nahe zu bringen. ... Der Dichter konnte also erwarten, dass der Hörer nach 130 Versen den

---

[8] In photographischen Reportagen von Sportereignissen wird besonders evident, wie zeitliche Momente von höchster Brisanz, etwa der Einlauf ins Ziel oder der Schwung über die Reckstange, durchaus im zweidimensionalen räumlichen Bild wiedergegeben werden können.

[9] Vgl. Lessing: »Die Malerei kann in ihren koexistierenden Kompositionen nur einen einzigen Augenblick der Handlung nutzen, und muß daher den prägnantesten wählen, aus welchem das Vorhergehende und Folgende am begreiflichsten wird.« (*Laokoon*, XVI)

[10] Man glaubt, die beim Schein der Fackeln aus dem Haus tretenden Bräute und die bewundernd vor den Wohnungen stehenden Frauen unmittelbar vor sich zu sehen.

[11] Unter »Ekphrasis« versteht man die rhetorische Figur der möglichst anschaulichen literarischen Wiedergabe einer räumlich-bildhaften (auch fiktiven) Wirklichkeit, – in der Neuzeit eines Werkes der bildenden Kunst.

143

gesamten Schild bildlich vor Augen hatte und ihm alle Details präsent waren.«[12]

Bereits in der lebhaften Schilderung des Stadtlebens, nämlich des Treibens in der Volksversammlung auf dem Markt, mit wortreichem Zank und gerichtlicher Schlichtung, kommt nun jedoch ein weiteres, spannendes und problematisches Moment des Bezugs von Raum und Zeit ins Spiel,[13] um dessen Herausstellung es mir hier eigentlich zu tun ist: Die Problematik des Verhältnisses zwischen der *zeitlich* verlaufenden Erzählung und den erzählten *zeitlichen* Episoden erhält insofern eine eigene Brisanz, als die Schilderung den Anschein erweckt, diese letzteren seien tatsächlich *räumlich* in ihrer fortlaufenden Bewegung und ihrem weiteren Geschehen abgebildet, als könne der Betrachter also wie in einem Film das reale Geschehen in seinem Ablauf nachvollziehen.

Homers Erzählung des auf dem Schild Dargestellten beschränkt sich nicht auf die bis in die verwendeten Materialien hinein – Gold, Silber, Zinn usw. – anschaulich »gemalten« Themen, wobei »anschaulich« im weiteren Sinne von »sinnlich« zu verstehen ist, da unserer Einbildungskraft wiederholt auch Klänge, etwa »von Flöten und Harfen« und »klingender Leier«, dargeboten werden. Vielmehr erheben einige der Bilder, in denen Hephaistos den menschlichen Kosmos zusammenfaßt, den Anspruch, bewegte Bilder von sich lebendig Bewegendem, von *geschehenden* Geschichten zu sein. Er malt z.B. die Städte nicht etwa nur in der Weise eines Brueghelschen Gemäldes als ein Nebeneinander unterschiedlicher menschlicher Tätigkeiten, sondern er setzt die Bilder selbst in Bewegung, das Wiedergegebene soll sich vor unseren Blicken verändern:

---

[12] Anne Bacmeister, *Der Schild des Achilles. Zum klassischen Vorbild der Ekphrasis,* 2 und 7.
[13] Soweit ich sehe, wurde dieses Moment in der Literatur bisher nicht näher beachtet oder betont.

In der eigentlich als friedvoll geschilderten Stadt zanken zwei Männer vor der Versammlung des Volkes, weil der eine behauptet, die zur Sühnung eines Totschlags auferlegte Geldschuld sei von dem Widersacher nicht gezahlt worden, was dieser vehement zurückweist. Für beide treten sodann laut beteuernde Zeugen auf, die von Herolden in Schach gehalten werden müssen. Währenddessen ratschlagen »die Greise« »im heiligen Kreis« und geben »nacheinander« – offenbar in Rede und Gegenrede – ihr Urteil ab. Das alles läßt sich kaum – wie dagegen eine Tanzbewegung oder ein schneller Ritt – in einem bzw. als ein Augenblick repräsentieren.[14]

Hier noch zwei weitere ausgezeichnete Beispiele: Hephaistos schildert auf seinem Schild, wie die brüllenden Rinder von vier Hirten auf die Weide am »rauschenden Fluß, der hinabschoß, wankend von Schilfrohr«, getrieben werden. Da stürzen sich zwei »entsetzliche Löwen« auf die Herde, greifen den vordersten Stier an, zerreißen und fressen ihn, während die Hunde, wild bellend, nicht wagen, die Räuber zu fassen, obgleich sie von den Hirten angehetzt werden. Dies ist eine Geschichte, nicht nur eine momentane Bewegtheit.

Oder schauen wir auf den Hinterhalt der in der umkämpften Stadt eingeschlossenen Krieger, bei dem die Rinder- und Schafherden geraubt und die Hirten erschlagen wer-

---

[14] »Es ist wahr, es konnte nicht wohl alles, was Homer sagt, in einem einzigen Gemälde verbunden sein; die Beschuldigung und Ableugnung, die Darstellung der Zeugen und der Zuruf des geteilten Volkes, das Bestreben der Herolde den Tumult zu stillen, und die Äußerungen der Schiedsrichter, sind Dinge, die auf einanderfolgen, und nicht nebeneinander bestehen können. Doch was, um mich mit der Schule auszudrücken, nicht actu in dem Gemälde enthalten war, das lag virtute darin, und die einzige wahre Art, ein materielles Gemälde mit Worten nachzuschildern, ist die, daß man das letztere mit dem wirklich Sichtbaren verbindet, und sich nicht in den Schranken der Kunst hält, innerhalb welchen der Dichter zwar die Data zu einem Gemälde herzählen, aber nimmermehr ein Gemälde selbst hervorbringen kann.« (Lessing, *Laokoon*, XIX) So schreibt Lessing. In der Tat aber schildert Homer den Schild so, als wäre eine solche Hervorbringung möglich.

145

den. Diese Erzählung beginnt mit einem Ultimatum der Belagerer an die Verteidiger der Stadt. Nach dessen Ablehnung überlassen die Städter den Frauen, Kindern und Alten die Verteidigung und bereiten, von Ares und Athena geführt, an einem Bach einen Hinterhalt. Die Hirten der nichts ahnenden Feinde führen ihre Herden »mit Flötenklang« zur Tränke. Da stürzen die Wartenden aus dem Hinterhalt, töten die Hirten und rauben die Rinder und Schafe. Die Belagerer eilen mit Windeseile herbei und es kommt zu einem schrecklichen Gemetzel.

Man könnte sich vielleicht vorstellen, daß der Schild, zumal ja jedes Thema in einem konzentrischen Band dargestellt zu sein scheint, die einzelnen Momente der Episode – etwa in der Weise des sequentiellen Bilderzählens auf Gemälden oder Wandbildern der Renaissance – aneinandergereiht aufzeigen könnte. Homer schreibt jedoch lediglich: »oben darauf [auf dem Schild] nun bildet' er mancherlei Kunst mit erfindungsreichem Verstande.« Hätte er ein Bilder-Band, z.B. in der Weise der japanischen erzählenden Bildrollen, der *emaki*, oder auch der Bilddarstellungen auf der Trajanssäule in Rom, nicht anders kennzeichnen müssen? Jeweils spielen sich die Ereignisse gewissermaßen quer zu ihrer Darstellung ab. Sie nehmen eine Zeit ein, die Homer in der Art von Videos oder auch von Comics, aber eben sprachlich, wiedergibt.[15] Die Erzählung dessen, was geschieht, ist so unmittelbar, daß sie den Anschein erweckt und erwecken will, es sei wirklich das Geschehen als solches abgebildet. Z.B.: »Jene, sobald sie vernahmen das laute Getös' um die Rinder, / Welche die heiligen Tore belagerten, schnell auf die Wagen / Sprangen sie, stürmten in fliegendem Lauf

---

[15] Über den Fries auf der Trajanssäule in Rom schreibt Andrew Curry: »Der Fries ist wie ein moderner Comicstrip, der kunstvoll in Marmor geschlagen wurde.« (*Römisches Reich: Die Säule des Trajan*, 84 f.)

und erreichten sie plötzlich.« (530 ff.) Das ist weder die Beschreibung einer Bilderserie noch die eines repräsentativen Augenblicks.

Homer gibt da, wo es um die Schilderung von Örtlichkeiten und Lokalisierungen geht,[16] natürlicherweise Beschreibungen von räumlichem Nebeneinander. Wo es sich dagegen um plötzliches und dramatisches Geschehen handelt, verwendet er entsprechend zeitliche Worte wie »nachdem«, »als«, »da«, die normalerweise nicht räumlich dargestellt werden können. Bei der Schilderung des von Hephaistos gebildeten Kunstwerks handelt es sich um den Bericht über etwas Räumliches, das zeitliche Momente in sich begreift. Damit vereint es erzählenden und beschreibenden Charakter in sich. Luca Giuliani hat in seinem Aufsatz *Bild und Mythos* (40 ff.) darauf hingewiesen, daß Homers Schilderung der teilweise dramatischen Geschehnisse, die auf dem Schild abgebildet sind, ungewöhnlicherweise den *Imperfekt* mit seinem deskriptiven Charakter verwendet. Dadurch »wird der Zuhörer noch einmal daran erinnert, daß hier keine Geschichte erzählt, sondern ein Bild beschrieben wird.« Und: »Im Bild erhält ein Vorgang, der in der realen Welt nur als punktuelle, zugleich zum Abschluss kommende Handlung [als sich vollziehendes Ereignis] denkbar wäre, den Charakter der Dauer«. (41) Aber dieses eine Dauer malende Bild soll eben gleichwohl zuweilen ein bewegtes und aufwühlendes – sogar höchst explosives – Geschehen repräsentieren.

Die Kunstfertigkeit des Feuer- und Schmiedegottes Hephaistos ist offenbar so überragend,[17] daß er auch das zeitlich

---

[16] Z. B. »nahe dem Bach … dort nun setzten sich jene«, »abwärts saßen indes zween spähende Wächter« (521 f.).

[17] Die prinzipielle Überlegenheit des göttlichen Schmiedes allem Menschenmöglichen gegenüber zeigt sich ja auch darin, daß die Fertigung dieses kunstvollen Gebildes in wenigen Stunden geschieht. Obgleich Homer die Bilder im *Prozeß ihres Hervorgebrachtwerdens* durch den »hinkenden Feuerbeherr-

Geschehende in ein räumliches Gebilde zu bannen vermag, selbst wenn die menschliche Vorstellungskraft, die an das unumkehrbare und unaufhaltsame Nacheinander ihres Rezipierens gebunden bleibt, das nicht begreifen kann.[18] Ich denke, wir sollten das für das menschliche Vorstellen Paradoxe dieses Homerischen Vorgehens nicht durch letztlich sachfremde Interpretationsversuche verdecken.[19]

Wir begegnen in diesem *Ilias*-Text einer eigenartigen Verknüpfung oder vielleicht besser einem ursprünglichen Ungeschiedensein von Besonderem und Allgemeinem (wie eben auch von Zeitlichem und Räumlichem). Einerseits umfaßt er einmalige, spezifische Ereignisse, die aber andererseits einen gewissen Allgemeinheitscharakter haben, was sich z. B. daran zeigt, daß sie zu keinem eigentlichen Schluß gelangen: wie das Urteil bei dem Streit in der Gerichtsversammlung ausfällt, bleibt ebenso unbestimmt wie der Ausgang der Schlacht um die belagerte Stadt. Es sollen keine historischen oder überhaupt realen Ereignisse berichtet oder erzählt wer-

---

scher« darstellt, kümmert ihn die dafür real benötigte Zeit nicht im geringsten: was in realer Zeit vermutlich Monate in Anspruch nehmen würde, erscheint als das in sich geschlossene Produkt einer einzigen Nacht.

[18] Vgl. Giuliani, 42.

[19] Lessing arbeitet sehr deutlich den Unterschied zwischen den Möglichkeiten der Dichtung einerseits und der bildenden Kunst andererseits heraus. »Wenn es wahr ist, daß die Malerei zu ihren Nachahmungen ganz andere Mittel, oder Zeichen gebrauchet, als die Poesie; jene nämlich Figuren und Farben in dem Raume, diese aber artikulierte Töne in der Zeit; wenn unstreitig die Zeichen ein bequemes Verhältnis zu dem Bezeichneten haben müssen: so können nebeneinander geordnete Zeichen auch nur Gegenstände, die nebeneinander, oder deren Teile nebeneinander existieren, aufeinanderfolgende Zeichen aber auch nur Gegenstände ausdrücken, die aufeinander, oder deren Teile aufeinander folgen.« (*Laokoon*, XIX) Er hat damit den Unterschied zwischen der homerischen Schilderung und einem möglichen realen künstlerisch gefertigten Schild im Blick. Nicht aber das, wovon Homer sagt, daß es auf dem beschriebenen bzw. nacherzählten Schild zu sehen wäre. Dieser bildet eben etwas ab, was nach Lessing bildlich nicht dargestellt werden kann: das Nacheinander von Handlungen. Dieser Widerspruch ist festzuhalten.

den, sondern es geht, der Gesamtkonzeption des Schildes entsprechend, um die Wiedergabe *typischer* menschlicher Lebensbereiche oder -erfahrungen.[20]

Die ein *zeitliches* Nacheinander implizierende Wiedergabe eines dramatischen, *besonderen* Geschehens will in dem scheinbaren Nebeneinander eines *räumlichen* Bildes etwas *allgemein* Menschliches darstellen. Das Zeitliche ist auch räumlich. Das heißt hier zugleich: Das Räumliche ist auch zeitlich. Das räumliche Bild soll ein ganzes Geschehen repräsentieren – wörtlich: zur Gegenwart bringen. Dadurch aber erweist sich die Zeit selbst als etwas, das kein reines Nacheinander ist, der Raum als kein bloßes Nebeneinander.

---

[20] Giuliani weist zudem darauf hin, daß bei der Schildbeschreibung so gut wie keine Namen genannt werden, was dagegen zu einer epischen (erzählenden) Darstellungsweise genauso dazugehören würde wie die Frage nach den Ursachen und dem Ausgang der geschilderten Handlungen oder Geschehnisse (44).

Das Weilen im Haus und
die Weite des Draußen

Es gibt Worte, die, gleichgültig in welchem Zusammenhang sie uns je-weils begegnen, eine merkwürdige Potentialität zu Nähe und manchmal sogar zu Betroffenheit in sich tragen. Sie erscheinen nicht als bloße Bezeichnungen, die einen bestimmten realen Sinngehalt übermitteln sollen, sondern sie rühren uns an, sie haben, möglicherweise individuell verschieden, einen verborgenen Gefühlswert. Meist sind dies »Bildworte«, mit denen wir keine exakten Begriffe, vielmehr Stimmungen und Sichten, Erinnerungen, Träume und Imaginationen verbinden. Sie sprechen nicht so sehr den Verstand an als vielmehr die Einbildungskraft, das Gefühl, die Seele.

Zu diesen Worten gehören (für mich) die Weile und die Weite. Weile und verweilen – das sind ruhige Worte, die eine Atmosphäre der Geborgenheit und Gelassenheit zu evozieren vermögen. Wenn etwas eine Weile währt, dann sind wir aus dem Streß des Alltags entlassen, dann können wir mit Gleichmut zusehen, abwarten. Zugleich ist die jeweilige Weile etwas, was dem Einzelnen selbst gebührt, ihm rechtmäßig zukommt und zugehört und darum Geduld verdient. Weite – ich finde, daß dies ein Wort des langsamen, vielleicht staunend einatmenden oder beglückt ausatmenden Sichöffnens ist. Sie verbietet die Hektik der eiligen Schritte; sie wirklich als Weite zu erfahren, heißt, sich in sie und auf ihre Grenzenlosigkeit einzulassen. Man sieht sie, wenn auch unbestimmt, vor sich, etwa die Weite der Ebenen, des Hochlands, der Wüste oder auch nur eines menschenleeren großen Platzes.

Auch die beiden Worte *Haus* und *Draußen* – insbesondere »Haus« – haben ihren eigenen Gefühls- oder Stim-
mungswert,[1] und der hat jeweils etwas mit Weile bzw. mit
Weite zu tun. Sagen oder denken wir »Haus«, so haben wir
Schutz und Geborgenheit unseres Verweilens vor Augen.[2]
Das Haus, in dem wir wohnen, ist der vorzügliche Ort unseres Weilens, im räumlichen wie im zeitlichen Sinne. Zu Hause sind wir geborgen – schon die aristotelische Bestimmung
von »Haus« enthält den Schutz von Mensch und Tier vor
Regen und Wind. Die »Mauern« aus zusammengelegten
Zweigen, aus getrocknetem Lehm, aus Ziegeln oder Steinen
oder Beton – jeweils schaffen sie einen eingefriedeten Raum,
in dem die zwischen ihnen Wohnenden für eine kürzere oder
längere Weile bleiben können. Der Schutzcharakter des
Hauses bezieht sich nicht nur auf den Schutz vor Temperatu-
ren und Regen, sondern insgesamt vor dem außerhalb des
Hauses liegenden, von Schiller so genannten »feindlichen
Leben«. »Der Mann muß hinaus ins feindliche Leben«[3] –

---

[1] Auf der Grundlage von zwei Interviews, die für eine Fernsehsendung mit
Marguerite Duras aufgenommen wurden, hat Michelle Porte den Band *Marguerite Duras/Michelle Porte, Die Orte der Marguerite Duras* zusammengestellt. Die wichtigsten Orte sind da das Haus, der Wald und das Meer sowie
der Sand.
[2] Vgl. die Bedeutung des »Elternhauses«.
[3] *Die Glocke.*
    [...]
    Der Mann muß hinaus
    Ins feindliche Leben,
    Muß wirken und streben
    Und pflanzen und schaffen,
    Erlisten, erraffen,
    Muß wetten und wagen
    Das Glück zu erjagen.
    Da strömet herbei die unendliche Gabe,
    Es füllt sich der Speicher mit köstlicher Habe,
    Die Räume wachsen, es dehnt sich das Haus.
    Und drinnen waltet

dem Draußen fehlt die freundliche und wohl eingeräumte Geborgenheit des häuslichen Drinnen.[4]

Das Haus ist der vorzügliche Ort des Wohnens. Heidegger spricht vom Haus der Welt und gibt ihm damit eine Reichweite über die einzelne Wohnstatt hinaus. So versteht er das Haus als das, was dem menschlichen Aufenthalt das Weilen »zwischen Geburt und Tod, zwischen Freude und Schmerz, zwischen Werk und Wort« möglich macht.[5] Der Aufenthalt der Menschen auf der Erde ist kein »objektives« bloßes Vorhandensein an wechselnden Raumstellen, sondern ein je-weiliges Verweilen an eigens erstellten geschützten Orten, ihren Häusern.

Im Verweilen liegt dieses Doppelte, daß wir uns eine Weile, *nur* eine Weile – und sei sie auch »ein Leben lang« – an einem Ort bzw. in einem Raum aufhalten, aber daß diese Weile zugleich ein Bleiben bedeutet, damit ein Aus-kosten der Zeit, ein Währen. Das Haus kann als ein Bild für diese Jeweiligkeit des räumlich-zeitlichen Weilens gesehen werden.

Das *Draußen* definiert sich aus seinem Gegensatz zum Drinnen des schützenden, bergenden Hauses.[6] Es ist der

---

Die züchtige Hausfrau,
Die Mutter der Kinder,
Und herrschet weise
Im häuslichen Kreise,
[...]

[4] Gleichwohl ist das Haus nicht nur Ort der Freundlichkeit und des Friedens. Duras sagt: »Man kann das Haus als einen Ort der Zuflucht sehen, wo man Beruhigung suchen kommt. Ich glaube, das Haus bildet einen Umkreis, der gegenüber anderen Dingen abgeschlossen ist. Aber es passiert auch noch anderes als all das bloß Alltägliche, neben Sicherheit, Ruhe, Familie, den Annehmlichkeiten des Heims usw.; in einem Haus gibt es auch tief eingeprägt den Horror vor der Familie, ein Fluchtbedürfnis, all die Selbstmordregungen. Es ist eben ein Ganzes. Merkwürdig, sehen Sie, zum Sterben kommen die Leute gewöhnlich nach Hause, sie wollen lieber zu Hause sterben.« (Marguerite Duras/Michelle Porte, *Die Orte der Marguerite Duras*, 18 f.)
[5] *Hebel – der Hausfreund*, 17.
[6] Vgl. zu diesem Gegensatzpaar Michaela Dahm, *Marguerite Duras und der*

Raum der Offenheit und Weite, der freien Bewegung, der stets neu zu entwerfenden Möglichkeiten. Er geht zum einen in die unmittelbar vor uns liegende Richtung, aus dem Haus hinaus, »in die weite Welt hinein«. Die vornehmliche Richtung des Draußen scheint dieses Hinaus zu sein. Doch es gibt auch das »von weit her«. Es kann die Weite des fernen Himmels sein, aus dem und von dem her uns etwas erreicht. »Die Blätter fallen, fallen wie von weit«. Klänge berühren uns von weit her, Erzählungen kommen zu uns aus dem weiten Raum der Geschichte. Insofern geht das Draußen zugleich in alle Richtungen, ist Raum für das Wandern und Nomadisieren, für den Blick und die Bewegung in die Weite. Das Draußen ist der Raum der Öffentlichkeit, der »soziale Raum«.

In all diesen Weiten geht es um ein Draußen, das sich als solches unserem Innen und seinem Ort, unserem Zuhause, entgegensetzt, es eben darin aber auch bestätigt. Das Drinnen und das Draußen, das Wohnen und das Wandern ergänzen sich. »Wer du auch seist, des Abends tritt hinaus« – so beginnt Rilke sein *Buch der Bilder*. Das Hinaustreten öffnet den Blick und das Herz für die Weite dessen, was außerhalb der häuslichen Geborgenheit liegt, für die Weite der Welt. Anders als in dem Schillerschen Gegensatz scheint mir hier eine innige Zusammengehörigkeit von Drinnen und Draußen impliziert. Im Überschreiten der Schwelle zwischen beiden bleibt ihre Verbundenheit gewahrt. Der Blick auf die im Tal aufleuchtenden Lichter schließt die Fülle der einzelnen je Geborgenheit bedeutenden Häuser ein, jedoch unter dem Vorzeichen der Fremdheit und des Draußen. »Wer du auch seist«, die Sicherheit der Identität löst sich auf im Hinaustre-

---

Raum des Unmöglichen. Sie zeigt, wie sich in den Werken Duras' eine Entwicklung vom symbolischen Raum der »festen Welt der Häuser« hin zu einem »anderen«, fiktiven Raum vollzieht.

ten in den Raum der Weite der Welt und wird doch zugleich auch seltsam bestätigt.

*

Die Äußerung – etwa das Schreiben eines Buches – ist eine Weise, von drinnen nach draußen zu gehen, bzw. genauer, etwas von drinnen nach draußen gelangen zu lassen. Ein durchmessener Gedankenraum öffnet sich in der Äußerung an den Anderen, z. B. an die Hörer oder Leser. Das Haus des eigenen In-der-Welt-seins öffnet seine Fenster und Türen. Der Schritt hinaus ist immer ein Wagnis. Aber als Schritt auf den Anderen zu versteht er sich als Einladung, gemeinsam zu sehen und zu hören, gemeinsam Räume und Zeiten, Weile und Weite zu erfahren.

Bibliographie

Marc Augé, Nicht-Orte, München 2010.

Helen Augur, Zapotec, New York 1954.

Anne Bacmeister, Der Schild des Achilles. Zum klassischen Vorbild der Ekphrasis, München 2014.

Roland Barthes, Das Reich der Zeichen, Frankfurt/M. 1981.

Ernle Bradford, Reisen mit Homer. Die wiedergefundenen Inseln, Küsten und Meere der Odyssee, München 1967.

Bertolt Brecht, Geschichten vom Herrn Keuner, Gesammelte Werke, Band 12, Prosa 2, Frankfurt/M. 1967.

Carlos Castaneda, Die Lehren des Don Juan. Ein Yaqui-Weg des Wissens, Frankfurt/M. 1973.

Andrew Curry, Römisches Reich: Die Säule von Trajan, National Geographic Heft 5 / 2015, 84 bis 107.

Michaela Dahm, Marguerite Duras und der Raum des Unmöglichen, Würzburg 2000.

Marguerite Duras/Michelle Porte, Die Orte der Marguerite Duras, Frankfurt/M. 1982.

Johann Peter Eckermann, Gespräche mit Goethe, Frankfurt/M. 2011.

Rolf Elberfeld, Sprache und Sprachen: Eine philosophische Grundorientierung, Freiburg/München 2012.

Michel Foucault, Andere Räume, in: Karlheinz Barck u.a. (Hg.), Aisthesis. Wahrnehmung heute oder Perspektiven einer anderen Ästhetik, Leipzig 1992.

Eduard Führ, Zur Rezeption von »Bauen, Wohnen, Denken« in der Architektur, in: Theoretische Untersuchungen zur Architektur, Bd. 3 (hg. Eduard Führ), Bauen und Wohnen / Building and Dwelling. Martin Heideggers Grundlegung einer Phänomenologie der Architektur / Martin Heidegger's Foundation of a Phenomenology of Architecture, Münster/New York/München/Berlin 2000.

Luca Giuliani, Bild und Mythos: Geschichte der Bilderzählung in der griechischen Kunst, München 2003.

Jean Grenier, Die Inseln und andere Texte, Freiburg/München 2015.

Ute Guzzoni, Das Glück der Lotophagen, in: dies., Sieben Stücke zu Adorno, Freiburg/München 2003.

Ute Guzzoni, »Ein Vogel ruft, der Berg wird noch stiller«. Die Dinge und das Unsichtbare – die Haiku-Dichtung und Heidegger, in: Zwischen zwei Wellen. 300 Haiku zu Flüssen und Nebel und Meer, Freiburg/München 2015.

Ute Guzzoni, Im Raum der Gelassenheit: die Innigkeit der Gegensätze, Freiburg/München 2014.

Ute Guzzoni, ›Ich liebe diß Griechenland überall. Es trägt die Farbe meines Herzens‹. Einige Bemerkungen zu Himmel und Natur im ›Hyperion‹, in: Hansjörg Bay (Hg.), Hyperion – terra incognita. Expeditionen in Hölderlins Roman, Opladen/Wiesbaden 1998.

Ute Guzzoni, Nächtliche Geräusche. Raumerfahrungen in literarischen Bildern, in: Gelebter, erfahrener und erinnerter Raum, Jürgen Hasse / Robert Josef Kozljanic (Hg.), München 2010.

Ute Guzzoni, Nichts. Philosophische Skizzen, Freiburg/München 2014.

Ute Guzzoni, Odysseus und die Frauen – die Frauen und Odysseus, in: Wege im Denken, Freiburg/München 1990.

Ute Guzzoni, Odysseus und die Sirenen, in: Gegensätze, Gegenspiele, Freiburg/München 2009.

Ute Guzzoni, Wege im Denken. Versuche mit und ohne Heidegger, Freiburg/München 1990.

Ute Guzzoni, Wohnen und Wandern, Freiburg / München 2017.

Georg Wilhelm Friedrich Hegel, Differenz des Fichteschen und Schellingschen Systems der Philosophie, in: Sämtliche Werke, Jubiläumsausgabe in zwanzig Bänden, 1. Band, Stuttgart 1958.

Georg Wilhelm Friedrich Hegel, Enzyklopädie der philosophischen Wissenschaften im Grundrisse, Hamburg 1959.

Georg Wilhelm Friedrich Hegel, Phänomenologie des Geistes, Hamburg 1952.

Martin Heidegger, Aus der Erfahrung des Denkens, in: Aus der Erfahrung des Denkens, GA 13, Frankfurt/M. 1983.

Martin Heidegger, Beiträge zur Philosophie (Vom Ereignis), GA 65, Frankfurt/M. 1989.

Martin Heidegger, Bemerkungen zu Kunst – Plastik – Raum, St. Gallen 1964.

Martin Heidegger, Das Ding, in: Vorträge und Aufsätze, Pfullingen 1954.

Martin Heidegger, Das Wesen der Sprache, in: Unterwegs zur Sprache, Pfullingen 1959.

Martin Heidegger, Die Kunst und der Raum, St. Gallen 1969.

Martin Heidegger, Die Sprache im Gedicht, in: Unterwegs zur Sprache, Pfullingen 1959.

Martin Heidegger, Hebel – der Hausfreund, Pfullingen 1957.

Martin Heidegger, Hölderlins Hymne ›Der Ister‹, GA 53, Frankfurt/M. 1984.

Martin Heidegger, Sein und Zeit, Tübingen 1949.

Martin Heidegger, Winke, in: Aus der Erfahrung des Denkens, GA 13, Frankfurt/M. 1983.

Martin Heidegger, Winke x Überlegungen (II) und Anweisungen, in: Überlegungen II – VI (Schwarze Hefte 1931–1938), GA 94, Frankfurt/M. 2014.

Martin Heidegger, Überlegungen XII – XV (Schwarze Hefte 1939–1941), GA 96, Frankfurt/M. 2014.

Martin Heidegger, Zollikoner Seminare, hg. v. Medard Boss, Frankfurt/M. 1987.

Martin Heidegger, Zur Erörterung der Gelassenheit, in: Gelassenheit, Pfullingen 1959.

Sonja Heyer, Zum Raum wird hier die Zeit. Das John-Cage-Orgel-Kunst-Projekt Halberstadt, München 2013.

Friedrich Hölderlin, Briefe, Sämtliche Werke, Sechster Band, Stuttgart 1954.

Friedrich Hölderlin, Hyperion, Sämtliche Werke, Dritter Band, Stuttgart 1957.

Friedrich Hölderlin, Gedichte nach 1800, Sämtliche Werke, Zweiter Band, Stuttgart 1951.

Homer, Ilias, übers. v. Johann Heinrich Voss, Stuttgart 1951.

Homer, Odyssee, übers. v. Johann Heinrich Voss, Stuttgart o. J.

Wilhelm von Humboldt, Briefe an eine Freundin, Leipzig 1847.

Søren Kierkegaard, Der Begriff Angst, Köln 1965.

Gotthold Ephraim Lessing, Laokoon oder über die Grenzen der Malerei und Poesie. Mit beiläufigen Erläuterungen verschiedener Punkte der alten Kunstgeschichte, Berlin 2013.

Günter Mieth, Friedrich Hölderlin: Dichter der bürgerlich-demokratischen Revolution, Würzburg 2001.

Friedrich Nietzsche, Also sprach Zarathustra. Ein Buch für Alle und Keinen. Werke in drei Bänden. München 1954.

Rainer Maria Rilke, Briefe, Wiesbaden 1950.

Rüdiger Safranski, Zeit. Was sie mit uns macht und was wir aus ihr machen, München 2015.

Arthur Schnitzler, Buch der Sprüche und Bedenken. Aphorismen und Fragmente, Wien 1927.

Leslie Marmon Silko, Der Almanach der Toten, Hamburg 1994.

Bernhard Waldenfels, Ortsverschiebungen, Zeitverschiebungen: Modi leibhaftiger Erfahrungen, Frankfurt/M. 2009.

Harald Weinrich, Knappe Zeit. Kunst und Ökonomie des befristeten Lebens, München 2004.

Ludwig Wittgenstein, Tractatus logico-philosophicus, London 1955.

Günter Wohlfart, Kunst ohne Kunst – Altchinesische Geschichten vom Koch Ding, vom großen Tuschedummkopf Shitao und vom Harfenmeister Baiya, in: Rolf Elberfeld, Günter Wohlfart (Hg.), Komparative Ästhetik. Künste und ästhetische Erfahrungen in Asien und Europa, Köln 2000.